맛집에서 만난 경제수업

맛집에서 만난 경제 수업

수요와 공급부터 물가와 환율까지, 한입에 끝내는 맛있는 경제

초판 1쇄 발행 2025년 12월 5일

지은이   남원상
그린이   란탄
펴낸이   이영선
책임편집   이현정

편집   이일규 김선정 김문정 김종훈 이현정 조유진
디자인   김회량 위수연
독자본부   김일신 손미경 정혜영 김연수 김민수 박정래 김인환

펴낸곳 서해문집 | 출판등록 1989년 3월 16일(제406-2005-000047호)
주소 경기도 파주시 광인사길 217(파주출판도시)
전화 (031)955-7470 | 팩스 (031)955-7469
홈페이지 www.booksea.co.kr | 이메일 shmj21@hanmail.net

ISBN 979-11-94413-75-2 43320

수요와 공급부터
물가와 환율까지

한입에 끝내는
맛있는 경제

맛집
에서 만난
경제
수업

남원상 지음

서해문집

산골짝에 다람쥐

아기 다람쥐

도토리 점심 가지고

소풍을 간다 ♪

동요 〈다람쥐〉의 첫 소절입니다. 앙증맞은 입에 도토리를 한 가득 문 다람쥐가 산속을 신나게 달려가는 모습이 떠오르지 않나요? 노래에도 나오지만, 도토리는 다람쥐가 즐겨 먹는 열매입니다. 가을에 도토리가 여물어 땅으로 우수수 떨어지면 다람쥐들은 그것으로 실컷 배를 채워 토실토실해지죠. 또 온종일 여기저기 바쁘게 돌아다니면서 도토리를 열심히 모아 땅속에 고이 묻어 둡니다. 입안에 여러 개를 욱여넣어 저장하는 장소로 가지고 가는데, '도토리 점심 가지고 소풍을 간다'는 가사는 그 모습을 그린 듯합니다.

다람쥐는 당장 먹을 것도 아니면서 고생스럽게 도토리를 간직해 둡니다. 먹이를 구하기 어려워지는 겨울에 대비하기 위해서입니다. 그러니까 다람쥐의 생존 본능인 셈인데, 이는 경제적인 행동으로도 볼 수 있습니다. '수요와 공급'의 원리를 정확히 따르고 있다는 점에서 말이죠.

19세기 영국의 철학자 토머스 칼라일Thomas Carlyle은 "앵무새에게 수요와 공급이란 말을 가르쳐라. 그러면 경제학자가 될 것이다"라는 말을 남겼습니다. 사람의 말을 흉내 내는 앵무새가 수요와 공급이란 단어를 뜻도 모른 채 따라만 해도 경제학자나 다름없다는 우스갯소리인데요. 그만큼 경제라는 학문을 배우는 데 있어 수요와 공급이 핵심이라는 것입니다. 수요는 '바라다'라는 의미가 담겨 있는 한자 '需(수)'와 '要(요)'를 합친 말입니다. 한편 공급은 '주다'라는 뜻을 지닌 '供(공)'과 '給(급)'이 뭉친 단어죠. 뭔가를 간절하게 바라거나 필요로 할 때, 즉 수요가 발생할 때 그것을 주는 게 공급입니다. 수요와 공급은 단짝처럼 붙어 다녀요. 공급이 없는 수요는 헛된 바람에 불과하고, 수요가 없는 공급은 헛된 낭비에 불과해 아무 의미가 없기 때문입니다.

자, 다시 다람쥐 이야기로 돌아가 보죠. 봄이나 여름엔 산에 씨앗이며 벌레가 다양해 다람쥐가 먹고살기 좋습니다. 쌀쌀한 가을에도 도토리가 흔하니 역시 먹이는 충분해요. 하지만 한겨울엔 거의 모든 먹거리가 추운 날씨를 견디지 못해 사라집니다. 겨울에도 먹고살아야 하니 수요는 그대로인데, 이처럼 먹이 공급이 뚝 끊기면 다람쥐는 배고픔에 시달리겠죠. 다행히 도토리는 땅에 묻으면 잘 썩지 않아서 다람쥐들은 도토리를 저장했다가 겨우내 필요한 만큼 꺼내 먹으며 먹이 공급을 수요에 맞게 스스로 조절합니다. 앵무새처럼 '수요와 공급'이란 소리를 낼 수는 없지만, 그 원리에 맞춰 행동하고 있는 다람쥐는 '산골짝의 경제학자'인 셈입니다.

수요와 공급의 원리는 우리 생활 곳곳에서도 쉽게 만날 수 있습니다. 초겨울에 김치를 아주 넉넉하게 담그는 김장 문화만 봐도 그렇죠. 비타민이 풍부한 채소를 먹어야 하는 수요는 사계절 내내 그대로인데, 비닐하우스 같은 시설이 없던 옛날엔 기온이 떨어지면 채소를 기르지 못했습니다. 채소 공급이 끊겨 버리니, 김장을 많이 해서 땅에 묻은 장독대에 넣어 두고 김치를 먹으려는 수요에 맞게 공급을 조절한 겁니다. 다람쥐가 도토리를 잔뜩 묻어 뒀다가 꺼내 먹는 것과 닮았죠?

먹는다는 건 다람쥐가 아닌 인간에게도 태어나서 죽는 순간까지 제일 먼저 해결해야 할 과제입니다. 그런데 잘 먹고 잘 살려면, 다시 말해 배고픔과 가난에 시달리지 않고 여유로운 생활을 누리려면 수요와 공급 같은 경제 원리를 이해해야 하죠. 경제 환경이 요즘처럼 복잡하지 않았던 시절에는 쌀이나 밀처럼 주식으로 먹는 곡물이 돈 대신 쓰였습니다. 시장에서 활발하게 사고팔던 물품도 주로 먹거리였고요. 대항해 시대에 유럽 상인들이 큰 배로 멀고 먼 바다를 건너 동양까지 찾아와 무역을 한 이유 또한 후추나 찻잎을 구하기 위해서였습니다. 경제생활의 중심이 식품이었던 겁니다. 경제는 먹거리에서 비롯되었다고 해도 지나친 표현이 아닙니다.

당연히 맛집에서 사 먹는 음식 한 그릇에도 다양한 경제 원리가 들어 있습니다. 그래서 지금부터 떡볶이, 짬짜면(짬뽕과 짜장면), 카레, 삼겹살, 냉면, 치킨, 빵 등 우리가 좋아하는 먹거리에 얽힌 경제 이야기를 살펴보려고 해요. 이 음식들은 저마다 시장, 가격, 합리적 선택, 기회비용, 수요와 공급의 법칙, 대체재와 보완재, 물가, 인플레이션, 실업, 국제 거래, 환율 등 경제를 배울 때 알아 둬야 할 가장 최소한의 지식을 품고 있거든요.

낯선 용어들 때문에 어렵고 골치 아플 것 같다고요? 걱정하지 않아도 됩니다. 가지각색 음식들이 감칠맛 나는 양념이 되어 복잡한 경제 원리를 쉽게 이해할 수 있도록 도와줄 테니까요. 그럼 이제 맛있는 경제 밥상 앞에 앉아 함께 첫술을 떠 볼까요?

차례

카레
맛집도 꼼짝 못 하는 수요와 공급의 법칙

삼겹살
소고기의 대체재, 부루스타의 보완재

냉면
인플레이션 신호등이 된 여름 별미

치킨
실업이 준 희망의 먹거리

빵
빵플레이션을 부추기는 '그것'의 정체

떡볶이

매콤한 한 그릇에서
시장을 맛보다

길거리 간식, 하면 어떤 메뉴가 먼저 떠오르나요?

한국농촌경제연구원의 2023년 조사에 따르면 청소년이 평소 가장 즐겨 먹는 길거리 간식 1위 메뉴는 떡볶이였습니다. 응답자의 절반에 가까운 47.7%가 떡볶이를 꼽았는데요. 2위에 오른 치킨류(9.4%)에 비해 무려 다섯 배나 많았습니다. 더구나 2013년 이 조사를 시작한 이래, 떡볶이는 단 한 번도 1위를 놓친 적이 없다고 해요. 한국 청소년들이 떡볶이를 얼마나 좋아하는지 짐작할 수 있죠. 요즘만 그런 건 아닙니다. 저도 학창 시절에 학교 매점과 근처 분식집에서 떡볶이 사 먹느라 용돈을 꽤나 탕진했거든요. 매콤하고 달짝지근한 그 자극적인 빨간 맛은 이미 예전부터 우리 입맛을 사로잡아 온 겁니다.

근본 중의 근본, 푸짐한 시장 떡볶이

널찍한 철판에서 보글보글 끓어오르는 뻘건 국물. 무심한 표정을 한 아주머니가 하얀 떡들과 어묵을 그 위에 우르르 쏟아붓더니 커다란 국자로 휘휘 젓습니다. 국물과 어우러져 어느새 벌게진 떡은 매콤달콤한 냄새를 풍기며 우리를 유혹합니다. 마트나 백화점 푸드 코트에 있는 분식집처럼 깔끔하게 단장한 건 아니지만, 나름의 친근한 분위기와 저렴한 가격으로 눈길을 끄는 곳이죠. 바로 전통 시장의 떡볶이집입니다.

전통 시장에 가면 떡볶이만 맛볼 수 있는 게 아닙니다. 비좁은 골목 안에서 지글지글 요란한 소리를 내면서 익어 가는 고소한 빈대떡과 달달한 호떡, 찜통 뚜껑을 열면 뽀얀 김을 펄펄 내뿜으며 등장하는 만두, 색동옷처럼 알록달록한 꼬마김밥이며 순대까지…. 다닥다닥 붙어 있는 작은 가게와 노점상 앞 매대에 잔뜩 쌓인 이런저런 주전부리들이 군침을 돌게 합니다. '시장'이라고 하면 이런 이미지가 생각날 거예요. 서울의 남대문시장, 부산의 자

갈치시장 같은 이름에서도 알 수 있듯, 원래 시장이란 단어는 전통 시장에서 비롯했기 때문입니다. 시장의 역사는 아주 오래전에 시작되었어요.

옛날 옛날에 들판에서 벼농사를 짓는 농부가 살았습니다. 그는 풍년이 들면 가을에 넉넉한 양의 쌀을 수확했어요. 가족끼리 다 먹고도 남아돌 정도로 많았죠. 한편 이웃 바닷가 마을의 어부는 생선을 많이 잡을 때마다 고민에 빠졌습니다. 배불리 먹고 남은 생선은 썩어서 버리게 되니까 아까웠던 겁니다. 그런데 농부와 어부가 서로 쌀과 생선을 맞바꾼다면? 농부는 쌀밥에 생선을, 어부는 생선에 쌀밥을 더할 수 있으니 둘 다 전보다 풍족한 밥상을 차리게 됩니다. 시장은 거기서 출발했어요. 농부와 어부처럼 각자 다른 재주가 있거나 다른 지역에 살면서 가치 있는 물건을 얻게 된 사람들이 한자리에 모여 서로의 생산물을 교환하던 공간이 시장이었습니다.

물론 농부의 쌀과 어부의 생선은 하나의 사례일 뿐, 사람들의 욕구가 다양한 만큼 시장에서 사고파는 상품의 종류는 훨씬 다채로웠습니다. 고기나 젖을 얻을 가축, 손재주가 뛰어난 사람들이 만든 옷·그릇·공예품 등 옛날에도 생활에 필요한 물건은 많았으니까요. 이처럼 시장은 더 풍요로운 생활을 누리기 위해 서로가 가진 다른 것들을 나누는 공간이었고, 한국을 비롯한 세계 곳곳에 존재했어요. 그런데 오늘날 시장은 먹거리나 생활용품을 사고파는 곳만 의미하지는 않습니다. 경제가 발달하며 시장의 종류가 아주 많아진 겁니다. 그러면서 예로부터 인류와 함께해 온 전통적인 시장의 형태를 '전통 시장'으로 구분해서 부르게 되었죠.

떡볶이는 재화, 배달은 서비스

시장은 한자로 '市(저자 시)'와 '場(마당 장)'을 합친 단어입니다. 여기서 뒷글자 '장'은 뭔가를 하는 공간을 뜻해요. 운동장(운동을 하는 공간), 경기장(경기를 하는 공간), 농장(농사를 짓는 공간)에 같은 글자가 들어가죠. 그리고 앞 글자 '시'는 상품을 사고파는 행동이나 장소, 사람과 집이 많은 번화한 곳을 의미해요. 서울특별시·인천광역시·세종특별자치시 같은 도시 이름에도 쓰입니다. 물건을 사고파는 곳은 으레 사람이 모여 번화하게 마련이니 의미가 통

하죠?

경제학에서 시장은 '재화'와 '서비스'를 비롯해 무언가를 사고 파는 공간입니다. 재화財貨(goods)는 사람들이 갖고 싶어 하거나 살아가는 데에 필요한, 모든 가치 있는 것을 가리킵니다. 값진 물건을 의미하는 '재'는 재벌財閥이나 재산財産에, '화'는 돈을 뜻하는 화폐貨幣나 금은보화金銀寶貨에 들어가요. 그런 글자들을 합해 놓았으니 귀하고 소중하다는 느낌이 물씬 드는 말이죠. 여러분의 용돈을 모아서 사고 싶은 스마트폰이나 옷, 아이돌 그룹의 앨범도 재화입니다. 한국 청소년들이 꼽은 길거리 간식 1위 메뉴 떡볶이도 당연히 재화입니다. 1위에 괜히 오른 게 아니죠. 그만큼 많은 사람이 자기 돈을 써 가며 먹고 싶어 할 정도로 맛이 좋으니까 가치가 있는 재화입니다.

한편 서비스service는 다른 사람을 만족시키기 위해 제공하는 가치 있는 행위를 뜻해요. 떡볶이 자체는 가치 있는 먹거리, 즉 재화지만 그것을 사 먹는 과정은 서비스를 거쳐 이뤄집니다. 길거리 음식의 대명사인 떡볶이도 요즘은 스마트폰의 배달 애플리케이션을 활용해 집에서 간편하게 주문할 수 있잖아요. 배달업체가 배달 앱을 운영하는 행위, 떡볶이 가게에서 떡볶이를 만드는 행

위, 배달 기사가 가게에서 떡볶이를 건네받아 오토바이나 자전거를 타고 주문한 사람에게 가져다주는 행위는 모두 서비스입니다. 이들 모두 떡볶이를 먹기 위해서 이런 행위를 한 게 아니라, 떡볶이를 먹으려고 주문한 사람을 위해 자신의 시간과 기술과 힘을 들여 가치 있는 행위를 제공한 것이니까요.

무궁무진한 시장의 세계

재화와 서비스는 공짜일 경우도 있습니다. 홍수 피해를 입은 이재민이나 노숙인에게 무료 급식과 숙소를 제공하고, 어르신들이 지하철을 무료로 탈 수 있게 하는 것처럼 복지와 기부에 해당하는 행위일 때 그렇죠.

하지만 대부분의 경우엔 돈을 내고 가치에 대한 값을 치르게 마련입니다. 분식집에 직접 찾아가 사 먹든, 배달로 주문하든, 떡볶이를 먹으려면 돈을 지불해야 하잖아요. 떡볶이 한 그릇은 어디서 갑자기 뚝딱 나오는 게 아니라 떡, 고추장, 가스와 같이 돈을 주고 사야 하는 또 다른 재화와 요리사의 서비스로 만들어지니까요. 그래서 떡볶이 1인분의 가격은 식재료 등을 사들였을 때의 값과 서비스 요금을 더해 정하게 되죠.

이렇게 재화와 서비스를 비롯한 무언가를 사려는 사람과 팔려는 사람 사이에 돈이 오가는 경제 활동의 공간이 시장입니다. 그러니까 전통 시장이 아닌 백화점이나 마트도 상품을 사고파는 시장입니다. 배달 서비스를 사고파는 시장은 배달 서비스 시장이라고 부르죠. 돈을 빌리거나 빌려주는 시장은 금융 시장입니다. 주식회사의 주식을 사고파는 시장은 주식 시장이고요. 지구 온난화 문제가 심각해지면서 여러 나라가 이산화탄소, 메탄 같은 온실가스 배출량을 제한하며 탄소 배출권 시장도 생겼습니다. 뭘 사고파느냐에 따라 시장의 종류는 무척 다양해지는 겁니다.

아울러 시장은 크게 생산물 시장과 생산 요소 시장으로 나눌 수 있습니다. 생산은 인간에게 필요한 각종 물건을 만들어 내는 것을 뜻하는데, 경제학에서 생산물은 재화와 서비스 모두를 가리켜요. 누군가에게 만족감이나 이익을 주는 모든 것(재화)과 모든 행위(서비스)를 생산물로 보는 거예요. 그러니까 떡볶이라는 재화를 사고파는 전통 시장도, 앱으로 떡볶이를 주문받는 배달 서

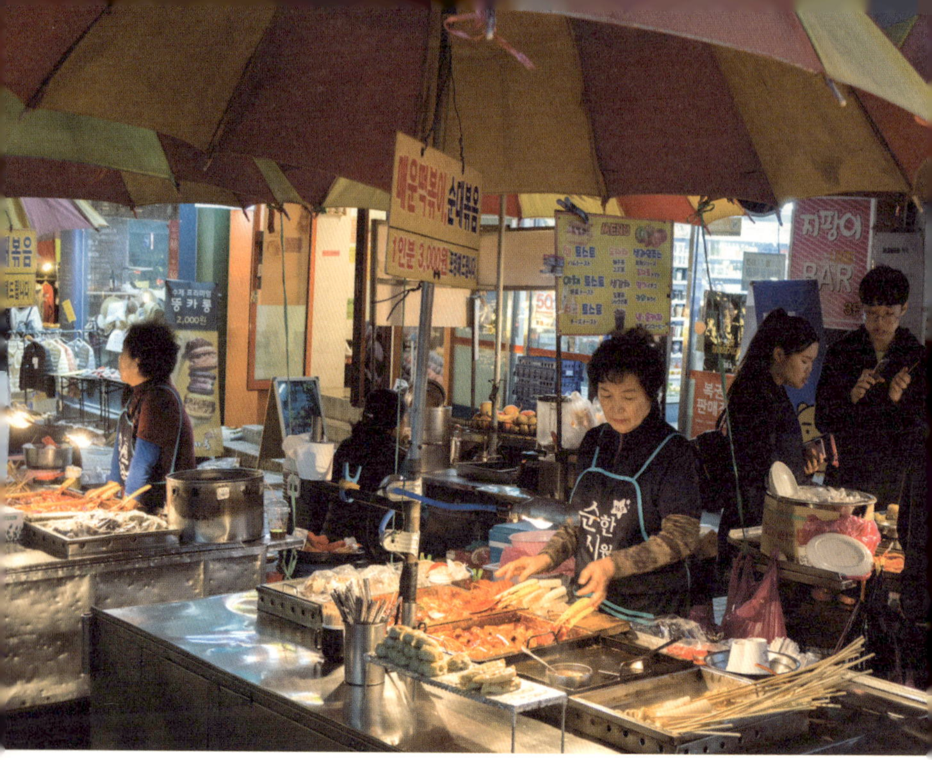
매운떡볶이, 순대볶음
1인분 3,000원
똥카롱
2,000원
토스트
순한시원

전통 시장

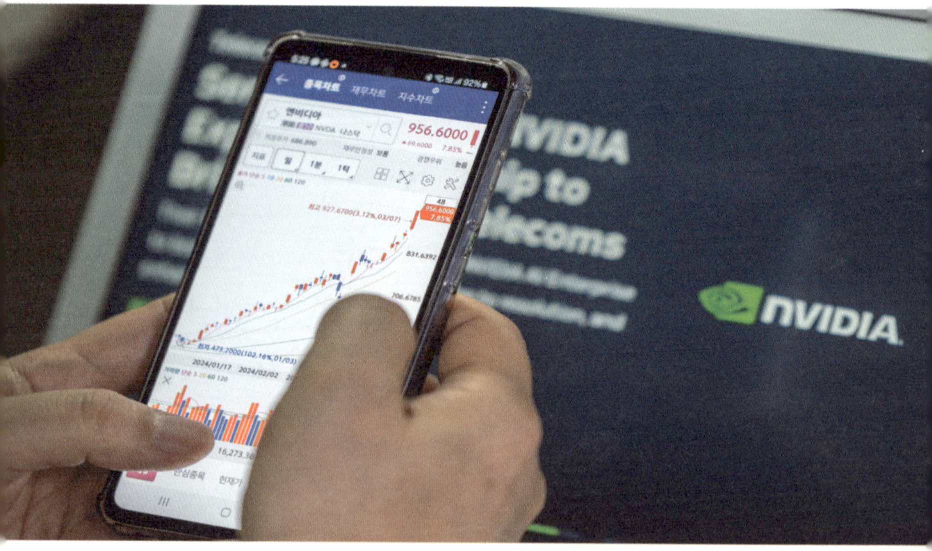
종목차트 재무차트 지수차트
엔비디아
NVDA 나스닥
956.6000
7.85%
2024/01/17 2024/02/02
관심종목 현재가
NVIDIA

주식 시장

비스 시장도 생산물 시장입니다. 생산 요소 시장은 생산에 필요한 노동·토지·자본 같은 생산 요소를 거래하는 시장을 일컫는 말이고요. 떡볶이집 아르바이트 자리에 지원한 사람들은 생산 요소 시장인 노동 시장에 속해 있는 것입니다.

전통 시장엔 꼭 있는 떡볶이 맛집

서울시 종로구 통인동에는 유명한 전통 시장인 통인시장이 있어요. 이곳에 가면 꼭 먹어야 한다는 먹거리가 기름 떡볶이입니다. 인스타그램이나 유튜브에 '통인시장 기름 떡볶이'를 검색하면 관련 게시물이 마구마구 쏟아질 만큼 인기가 높은데요. 시장 안에 기름 떡볶이를 파는 가게들이 몇 군데 있지만, 서울시가 2014년 '서울미래유산'으로 콕 집어 지정한 곳은 '원조 할머니 떡볶이집' 입니다. 이 가게는 한국전쟁이 끝난 뒤 골목 안에 이런저런 물건을 파는 노점상들이 모여 형성된 시장에서 1956년부터 장사를 이어 왔다고 해요.

기름 떡볶이는 맛이나 모양새가 우리가 자주 보는 떡볶이와 사뭇 다릅니다. 고추장을 듬뿍 푼 국물이 아니라 고춧가루나 간장 양념을 넣고 기름에 달달 볶아서 만들거든요. 고추장 떡볶이에 비하면 맛이 담백한 게 특징인데, 실은 이 형태가 전통 떡볶이에 더 가깝습니다. 떡볶이란 이름부터 '떡을 볶은 것'이라는 뜻이고, '볶다'는 물기가 거의 없게 익히는 것을 말하니까요. 조선 시대 요리책에도 떡볶이는 간장을 넣어 볶은 음식으로 소개됩니다.

기름에 볶는 떡볶이가 고추장 양념에 조리는 먹거리로 달라진 배경에 대해선 아쉽게도 정확히 알려진 바 없어요. 아무튼 통인시장의 기름 떡볶이가 그러하듯, 고추장 떡볶이도 예전부터 전국의 전통 시장에서 대표적인 간식으로 자리를 잡았습니다. 부산 깡통시장의 이가네 떡볶이는 무를 넣고 끓인 자연스러운 단맛으로 각지의 손님을 끌어모으고 있습니다. 서울 모래내시장의 신흥 떡볶이는 개운한 콩나물국을 곁들여 먹는 맛이 매력적이고요. 의정부 제일시장에는 아예 떡볶이 골목이 따로 있어요. 전통 시장마다 떡볶이 맛집 없는 곳을 찾기 어려울 정도입니다.

떡볶이 시장은 계속 진화 중

전통 시장에 오래된 떡볶이 맛집들이 많은 데엔 이유가 있습니다. 시장은 많은 사람이 상품을 사고팔기 위해 모이는 곳이라서 손님을 끌기 유리하다는 장점이 있고요. 유통(시장의 돈이나 상품 등이 소비자에게 전달되는 여러 과정)이 발달하지 않은 옛날엔 전통 시장이 떡, 고춧가루, 고추장 등 온갖 식재료를 가장 빠르고 편하게 구할 수 있는 생산물 시장이었기 때문입니다. 떡볶이가 값싼 재료와 자극적인 매운맛으로 배를 채우는 패스트푸드란 점도 한몫했습니다. 시장 상인이나 손님이나 다들 바쁘잖아요. 노점에서 미리 조려 둔 떡볶이를 후다닥 먹고 장사를 하든 장을 보든 얼른 볼일을 보는 게 편했죠. 주머니 사정이 넉넉하지 않은 사람들은 국밥이나 생선구이 같은 식사보다 훨씬 저렴한 가격에 끼니를 때울 수 있기도 했고요.

요즘은 동네마다 떡볶이 전문점이 흔하고 메뉴 종류도 굉장히 많습니다. 2000년대 후반 정부가 추진하는 한식의 세계화 전

략에 힘입어 떡볶이 전문 프랜차이즈가 등장하더니 치즈 떡볶이, 짜장 떡볶이 등 퓨전 떡볶이로 인기를 끈 게 시작이었죠. 2010년 대엔 파스타 같은 양식에 친숙한 젊은 세대의 입맛에 맞춘 로제 떡볶이가 나왔습니다. 2019년에는 유튜브 먹방으로 분모자 떡볶이가 유행했고요. 2020년 코로나19 사태 이후 떡볶이는 배달 서비스 시장의 대표적인 메뉴가 됩니다. 2020년 빅 데이터를 분석한 결과, 한국인이 배달 서비스로 주문한 음식 3위에 떡볶이가 오를 정도였어요.

더 다양해지고 더 고급화되고 더 간편해진 떡볶이의 진화가 그저 반갑기만 한 건 아닙니다. 길거리 간식과 전통 시장 먹거리로 떡볶이가 사랑받은 이유는 맛도 맛이지만 부담 없이 배를 채울 수 있었기 때문입니다. 먹는 데 큰돈을 쓰기 어려운 서민과 용돈을 아껴야 하는 학생들에겐 고마운 음식이었죠. 저도 신문사에 취직해 월급을 고작 90만 원 받고 일하던 신입 기자 시절, 경찰서 앞 포장마차에서 2000원 주고 사 먹던 떡볶이가 어찌나 맛있었는지 모른답니다. 어묵은 몇 조각 들지도 않은, 고추장과 설탕과 조미료 범벅인 밀떡볶이였는데 말이죠. 그런 추억에 젖어 얼마 전 오랜만에 떡볶이 좀 먹어 볼까, 하고 배달 앱을 열어 가

격을 확인하고는 깜짝 놀랐습니다. 배달비만 2000원이 넘더라고
요. 떡볶이 시장도 그동안 참 많이 변했어요.

짬짜면

합리적 선택이 낳은
'반반'의 매력

"바빠! 빨리 말해! 짬뽕? 짜장?"

가게에 올 때마다 짬뽕을 먹을지 짜장면을 먹을지 한참 고민하는
한 남자가 자리에 앉자, 중국집 주인이 얼른 메뉴를 선택하라고
짜증을 내며 재촉합니다. 아니나 다를까, 오늘도 그는 눈만
이리저리 굴리면서 다른 손님들이 뭘 먹나 살핍니다. 그러다
누군가 "여기 짜장 빨리 안 줘요?"라고 말하는 것을 듣더니
짜장면을 고르죠. 하지만 어쩐지 주인 얼굴엔 미심쩍은 표정이
가득한데…. 아무튼 주방에선 주문받은 짜장면 한 그릇을 열심히
조리합니다. 그때 옆 테이블에서 짬뽕을 맛있게 먹는 모습을
흘깃흘깃하던 그가 "저기! 짜장 취소하고 짬뽕!" 하며 냅다
소리를 질러요. 결국 화가 머리끝까지 난 주인은 "나가!"라며
그를 내쫓죠. 1990년대에 개봉한 한국영화 〈신장개업〉의 한
장면입니다. 그런데 혹시 이런 생각이 들지 않나요? 처음부터
'짬짜면'을 주문했다면 중국집 주인도, 남자도 서로 얼굴 붉힐
일이 없었을 텐데.

영원한 고민, 짬뽕과 짜장면

짬짜면은 짬뽕과 짜장면을 동시에 조금씩 맛볼 수 있는 메뉴입니다. 국수 그릇을 절반씩 칸막이로 나눠 한쪽엔 짬뽕을, 다른 한쪽엔 짜장면을 담아 서로 섞이지 않도록 완벽하게 분리해서 제공하죠. 배달 앱을 열어 '짬짜면'을 검색하면 이 메뉴를 파는 동네 중화요리점이 꽤 많다는 점을 바로 알 수 있을 겁니다.

그런데 〈신장개업〉이 개봉했을 시기만 해도 짬짜면이란 메뉴가 없었습니다. 당시 이 장면이 화제를 모았던 것도 중국집에 갈 때마다 짬뽕을 먹을까, 짜장면을 먹을까 고민하는 경우가 워낙 많아서 공감을 샀기 때문이에요. 짜장면과 짬뽕은 둘 다 가격이 저렴하고 인기가 높은 중화요리점의 기본 메뉴지만, 서로 매력이 다른 먹거리라서 손님들을 고민에 빠뜨렸죠. 캐러멜이 들어간 짜장소스와 돼지고기, 양파 등을 볶아서 만든 짜장면은 달짝지근하면서 고소하고 짭조름해 '초딩 입맛'에 딱입니다. 반면 고춧가루와 각종 해산물을 넣어 끓인 짬뽕은 땀이 쭉 날 정도로 얼큰한 게 특징이고요.

그래서 짜장면을 먹다 보면 들척지근한 맛에 질려 개운한 짬뽕 국물이 생각나고, 짬뽕을 먹다 보면 맵싸한 맛에 혀가 얼얼해져 순한 짜장면이 떠오르기 십상이에요. 둘 중 뭘 먹어야 하나 고심하게 되는 이유입니다. 이러한 배경에서 등장한 게 짬짜면인데요. 2000년 10월 18일 자 〈한국일보〉에 실린 기사에서 그 유래를 찾을 수 있습니다.

'자장면을 먹을까, 짬뽕을 먹을까.' 중국음식점에 갈 때마다 누구나 한 번쯤 하게 마련인 이 고민을 깨끗이 해결한 곳이 있다. 최근 서울 강남구 신사동 태화루 등 인근 3~4곳의 중국음식점이 '짬짜면'이라는 기발한 메뉴를 개발, 주변 직장인들로부터 선풍적인 인기를 끌고 있는 것.

'짬짜면'은 물론 짬뽕과 짜(자)장면의 합성어. 절반으로 칸을 나눈 그릇에 각기 짬뽕과 자장면을 담은 것이다. … 손님들의 반응은 하나같이 "점심 때 가장 큰 고민을 해결해 줘서 고맙다"는 것.

둘 다 먹기엔 용돈도 적고, 배도 작고

오늘날 짬짜면은 흔한 메뉴가 되었지만 아무 식당에서나 맛볼 수 있는 건 아닙니다. 주로 배달 서비스를 통해 장사하는 동네의 작은 중국집들과 달리, 호텔의 고급 중화요리 전문점이나 '맛집'으로 알려진 가게들 중엔 짬짜면을 메뉴에 올리지 않는 곳이 많거든요.

그래도 해결할 방법이 있습니다. '먹방'으로 유명한 한 코미디언은 자신의 SNS에 "짬뽕 먹을까 짜장 먹을까 고민하다가… 짬짜면으로 시켰다"라는 글과 함께 사진 한 장을 게시해 화제를 모았는데요. 그는 우리가 익히 알고 있는 짬짜면이 아니라, 짬뽕과 짜장면을 한 그릇씩 따로 시켜서 번갈아 가며 먹는 모습으로 큰 웃음을 자아냈습니다.

하지만 이런 짬짜면을 먹을 수 있는 사람은 그리 많지 않을 겁니다. 아무나 먹방을 하는 게 아니죠. 한 번에 국수 2인분을 거뜬히 소화할 만큼 '위대한(위가 엄청나게 큰)' 경우는 드물 테니까요.

비용도 문제입니다. 돈을 펑펑 써도 상관없는 부자라면 둘 다 주문해 맛보고 남겨도 되겠으나, 저를 비롯한 대다수 사람들은 밥값을 아끼면서 살아가야 합니다. 가진 돈이 한정되어 있으니 짜장면과 짬뽕 가운데 조금이라도 더 먹고 싶은 것 하나만 골라야 하죠. 경제학에선 이를 자원의 희소성과 합리적 선택으로 설명합니다.

사람은 누구나 욕구가 있습니다. 뭔가를 얻거나 하고 싶은 것이 욕구인데요. 목이 말라서 물을 마시고 싶은 것, 배가 고파서 음식을 먹고 싶은 것, 친구들과 어울려 놀고 싶은 것, 경치 좋은 곳으로 여행 가고 싶은 것 등 우리의 일상은 다양한 욕구와 그것을 실현하는 과정으로 채워집니다. 이런 욕구들은 그냥 채울 수 있는 게 아니에요. 돈이나 시간과 같은 자원이 있어야 하죠. 친구들과 카페에서 만나 이야기를 나누려면 음료나 빵을 사 먹을 돈과 여유 시간이 필요합니다. 그런데 돈이나 시간은 무한정 쓸 수 없어요. 용돈은 금액이 정해져 있고, 수업을 받거나 공부를 하거나 운동을 가는 등 다른 일정이 짜여 있게 마련이니까요. 이게 바로 자원의 희소성입니다.

어느 쪽이
합리적 선택일까

한 달 용돈이 1억 원이라고 상상해 봅시다. 더구나 그 돈을 마음 껏 써도 된다면? 생각만 해도 신나죠. 짜장면이냐 짬뽕이냐 고민 은커녕 탕수육, 볶음밥, 칠리새우 등 중화요리점 메뉴판에 적힌 음식을 순서대로 전부 주문해 실컷 먹어도 돈이 한참 남을 겁니 다. 하지만 상상은 상상일 뿐, 재벌집이 아니고서야 그럴 수 없는 경우가 대부분이죠. 돈이라는 자원은 희소하기 때문입니다.

희소稀少는 '드물고 적다'는 뜻이에요. 돈처럼 가치가 있는 자 원(물이나 석유, 사람의 노동력처럼 재화와 서비스를 생산하는 데 필요한 것)은 갖고 싶어 하는 사람이 아주 많은데, 드물고 적으니 누구나 원하는 만큼 가질 수는 없어요. 사람들의 수요에 비해 이를 만족 시켜 줄 수 있는 자원의 양이 상대적으로 드물고 적은 특성을 '자 원의 희소성'이라고 합니다. 돈의 희소성 때문에 짬짜면이 없는 중국집에선 짬뽕과 짜장면 중 더 먹고 싶은 것 하나를 골라야 하 는 거죠.

자원의 희소성

어떤 자원의 양이 매우 많더라도 그것을 원하는 사람들의 욕구가 더 크면 그 자원은 희소하며, 이러한 자원의 희소성은 재화의 가격에 영향을 준다. 물보다 다이아몬드의 가격이 더 높은 이유다.

짜장면값은 7000원, 짬뽕값은 9000원인 가게가 있다고 칩시다. 짜장면도 먹고 싶지만 오늘은 매콤한 짬뽕이 조금 더 입맛에 당겨요. 평소대로라면 2000원을 더 내고 그냥 짬뽕을 주문하면 될 겁니다. 하지만 옷을 사느라 이번 달 용돈을 많이 써 버리는 바람에 당분간 돈을 아껴야 합니다. 용돈은 무한정 받을 수 없으니 말이죠. 그런데 짬뽕 대신 짜장면을 선택하면 2000원을 아낄 수 있어요. 물론 짜장면으로 배를 채울지언정 매콤한 음식이 먹고 싶은 마음은 만족시킬 수 없습니다. 이런 경우에 둘 중 무엇을 골라야 합리적일까요?

짜장면 대신 짬뽕을 선택하면 지불해야 할 비용은 9000원입니다. 9000원어치의 만족, 다시 말해 '편익'을 얻게 되는 셈이죠.

편익은 편리하고 유익하다는 의미예요. 경제학에선 지불한 비용으로 얻게 되는 만족감이나 그런 만족감을 돈으로 환산한 것을 가리킵니다. 이때 선택하지 않은 짜장면의 가격인 7000원은 '기회비용(합리적 선택을 통해 하나를 골랐을 때 고르지 않고 포기한 다른 것의 가치를 나타낸 비용)'입니다. 짬뽕을 선택한 대신 짜장면 먹을 기회와 함께 7000원어치의 만족을 포기한 비용이기 때문입니다. 당연히 편익이 더 큰 짬뽕을 먹는 게 합리적 선택처럼 보이는데, 꼭 그런 건 아닙니다. 짬뽕 대신 짜장면을 선택하면 용돈 2000원을 아끼고 그 비용을 다른 데에 더 쓸 수 있으니까요.

탕짜면, 볶짬면, 탕볶밥… 가장 큰 편익을 찾아서

지금 당장 짬뽕을 먹어서 내 입맛을 딱 만족시킬 것인지, 아니면 짜장면을 선택해 용돈을 아낄 것인지? 짬뽕과 짜장면을 두고 합리적 선택을 해야 할 순간입니다. 비용 및 기회비용과 편익의 크기를 비교해 최소의 비용으로 최대의 편익을 얻을 수 있도록 선

짜장면 7000원
짬뽕 9000원
짬짜면 10000원

짬뽕이랑 짜장 가격이 다르네…

뭘로 드릴까요?

전 짬짜면 주세요!

그만 없이

지금 가진 돈은 딱 1만 원!

10000

용돈

그래! 이거야!

편익

만족감

당장은 짬뽕이 먹고 싶어…

하지만 짜장면을 먹으면 2천 원을 아낄 수 있고…

2000원

기회비용

용돈 절약

전 짬뽕이요!

매콤한 맛

2만 9천 원 입니다.

아…!

택해야 한다는 말입니다. 소비, 즉 돈을 내고 뭔가를 구입할 땐 이런 고민을 늘 하게 마련이에요. 자원이 제공되는 양은 제한된 경우가 많기 때문입니다.

이처럼 합리적 선택으로 가장 적은 비용을 들여 가장 편익이 큰 것을 얻고 그보다 못한 것은 포기하는 것이 소비자의 경제 원칙인데요. 짬짜면이라면 얘기가 달라요. 둘 다 조금씩 맛볼 수 있으니 뭘 선택해야 편익이 더 클까 고민할 필요가 없습니다. 주문을 바꾸다 쫓겨난 영화 〈신장개업〉의 남자처럼 평소 짜장면을 먹을지 짬뽕을 먹을지 고르기 힘들다면, 짬짜면이야말로 가장 합리적인 선택이 될 겁니다. 음식 만들 때 시간과 노력이 더 들어가는 만큼 짜장면이나 짬뽕보다 살짝 비싼 편이긴 하지만요. 만약 두 메뉴를 동시에 먹을 때의 만족감보다 저렴한 가격이 더 중요하다면 짜장면이나 짬뽕 중 하나를 고르겠죠.

짬짜면이 잘 팔리자, 서로 다른 먹거리를 조합해 1인분으로 제공하며 메뉴 고민을 해결한 사례가 속속 등장했습니다. 중화요리점에선 밀가루 음식인 국수 종류와 쌀 음식인 볶음밥을 두고도 많은 사람들이 뭘 먹을지 선택하기 어려워하는데요. 그래서 나온 게 볶짜면(볶음밥+짜장면)과 볶짬면(볶음밥+짬뽕)입니다. 이에 그치지 않고 식사 메뉴인 짬뽕, 짜장면, 볶음밥과 중국집 하면 떠오르는 요리 메뉴인 탕수육을 결합한 탕짜면(탕수육+짜장면), 탕짬면(탕수육+짬뽕), 탕볶밥(탕수육+볶음밥) 등도 생겼어요. 2010년대 이후 한국에 '혼밥(혼자 밥을 먹는 것)' 문화가 확산되자 혼자서도 요리와 식사 메뉴를 부담 없이 동시에 맛볼 수 있는 탕짜면, 탕짬면, 탕볶밥은 큰 인기를 얻게 됩니다.

짬짜면이 점점 사라지고 있다?

이런 트렌드가 중화요리 업계에서만 유행한 건 아닙니다. 분식에선 김떡순(김밥+떡볶이+순대)과 떡튀순(떡볶이+튀김+순대)이 나왔어요. 떡볶이는 맵고 김밥이나 순대는 담백하고 튀김은 고소하잖아요. 세 가지 분식 메뉴로 후끈 달아오른 입안을 달래고 다시 자극하면서 다양한 맛의 향연을 누리는 겁니다. 달달한 짜장면과 얼큰한 짬뽕을 번갈아 맛보는 짬짜면처럼 말이죠. 마찬가지로 한식에선 짬짜면 그릇처럼 반으로 나뉜 사발에 새콤한 물냉면과 매콤

다양한 짬짜면

한 비빔냉면을 담아 주는 '반반 냉면'이 등장했습니다.

그런데 최근 들어 짬짜면이 점차 사라지는 추세라고 합니다. 2024년 8월 19일 자 경향신문 기사에 그 속사정이 소개되었어요. 짬짜면은 짜장면이나 짬뽕에 비해 손이 많이 가는 메뉴인데, 인플레이션(88쪽) 탓에 인건비와 재료비도 올라 식당에서 감당하기 어려워진 것이 가장 큰 이유였습니다. 또 다른 원인으로는 미식의 트렌드 변화가 지목되었어요. 여러 음식을 조금씩 맛보기보다 한 가지 음식을 푸짐하게 제대로 즐기는 것을 선호하게 되면서 짬짜면의 인기가 시들해졌다는 겁니다. 짬짜면 하면 떠오르는 독특한 모양의 '반반 그릇'도 찾는 가게가 눈에 띄게 줄어 많은 공장이 생산을 중단했답니다.

돈이라는 자원의 희소성과 가장 적은 비용을 들여 가장 큰 편익을 얻는 행위인 합리적 선택은 소비자에게만 중요한 게 아닙니다. 상품을 생산하고 판매하는 입장에서도 자원의 희소성을 고려해 어떤 상품을 만들고 팔지 합리적으로 선택해야 손해를 보지 않고 이익을 얻을 수 있어요. 짬짜면이 유행하면서 잘 팔릴 땐 짜장면이나 짬뽕에 비해 만드는 비용이 좀 더 들어도 중화요리점에서 벌어들이는 이익(편익)이 훨씬 컸습니다. 하지만 판매가 줄자

비용에 비해 편익이 줄어 메뉴판에서 점점 없어지고 있는 거죠. 짬짜면이라는 음식 메뉴 하나에도 효율이나 경제적 이익이 높은 쪽을 따르는 경제 논리가 철저하게 적용된다는 사실을 알 수 있어요.

카레

맛집도 꼼짝 못 하는
수요와 공급의 법칙

챗GPT에 "한국인의 주식(끼니에 주로 먹는 음식)은 뭐야?"라고
물었더니, 아주 단호하게 대답했습니다.

"한국인의 주식主食은 단연 쌀이야! 전통적으로 밥이 식사의
중심이 되고, 반찬들이 그 주변을 채우는 형태가 한국 식문화의
기본이야."

새삼스러울 건 없습니다. 한국에선 쌀로 지은 밥이 끼니를
뜻하는 대명사일 정도로 중요한 식품이니까요. 쌀밥이 아닌
빵이나 고기를 먹어도 아침밥, 점심밥, 저녁밥이라고 부르는가
하면, 식사 준비하는 것을 '밥상 차린다'고 하잖아요. '밥
먹었어?'가 인사말처럼 쓰이기도 하죠. 식습관이 달라지면서
1인당 연간 쌀 소비량이 꾸준히 줄고 있지만, 쌀은 여전히
한국인의 식단에서 가장 중요한 주식인 겁니다. 이웃 나라
일본도 마찬가지예요. 덮밥, 찹쌀떡 등 쌀로 만든 전통 먹거리가
다양하죠. 그런데 2024년 일본에선 쌀값이 마구 치솟는
'쌀 소동'이 벌어졌습니다. 무슨 일이 생긴 걸까요?

40년 전통 카레집이 문 닫은 사연

고기, 감자, 양파 등 각종 재료와 노란 향신료를 넣어 푹 끓인 소스를 고슬고슬한 흰쌀밥에 부어 비벼 먹으면 입맛이 확 살아나는 음식. 바로 카레입니다. 카레는 인도 음식으로 알려져 있는데, 사실 한국에서 먹는 카레는 일제 강점기에 일본에서 건너왔습니다. '카레'라는 음식 이름 자체도 일본어 카레ヵレ─에서 비롯했어요. 일본 카레는 근대에 들여온 영국의 커리curry를 일본인의 주식인 쌀밥에 얹어 먹도록 바꾼 음식입니다. 커리는 영국이 과거 식민지였던 인도의 향신료를 가져와서 자신들의 전통 국물 요리인 스튜처럼 조리한 것이고요.

일찍부터 카레 문화가 발달한 일본에는 카레 우동, 수프 카레 등 다채로운 카레 메뉴가 있어요. 카레 전문 식당도 아주 많습니다. 일본 군마현 다카사키高崎 시의 40년 전통 카레 맛집 '카레하우스 인도야印度屋'도 그중 하나였어요. 1983년 문을 연 이 가게는 대표 메뉴인 치즈 카레가 유명해지면서 오랫동안 지역 주민들에게 사랑받았다고 합니다. 하지만 2025년 2월 폐업하게 되었는데, 그 소식이 일본의 TV 뉴스와 신문에 소개되며 전국적으로 큰 관심을 모았어요. 가게 주인이 문을 닫게 된 결정적인 이유로 "쌀값이 세 배나 비싸져서"라고 밝혔기 때문입니다.

일본 슈퍼마켓에서 팔리는 5kg짜리 쌀 한 포대의 평균 가격은 약 1800엔~2000엔 정도에 불과했습니다. 그런데 2024년 여름부터 가격이 뛰더니 2025년 봄에는 4000엔을 넘어서며 두 배 이상 올랐죠. 카레라이스가 대표 메뉴인 '인도야'처럼 쌀밥이 들어간 음식을 파는 일본의 식당들은 갑자기 높아진 쌀값을 점점 감당하기 어려워졌습니다. 음식 재료를 사들이는 데에 돈을 더 쓸수록 가게가 얻는 이익이 떨어지니까요. 그렇다고 비싸진 재료비만큼 음식 가격을 인상할 수도 없었습니다. 똑같은 양과 구성인데 가격만 높이면 손님들은 우동이나 소바처럼 쌀이 들어가지 않아 더 저렴한 다른 먹거리를 찾게 되거든요. 그러다 보니 폭등한 쌀값 탓에 수십 년을 이어 온 일본 카레 맛집까지 문을 닫은 것입니다.

쌀 가격이 바꾼 일본의 식탁 풍경

갑작스러운 쌀값 폭등은 맛집 문만 닫게 한 게 아니라 일본의 밥상 풍경을 바꿔 놓았습니다. 부산과 가까운 일본 기타큐슈北九州시의 유명한 에키벤(기차역에서 파는 도시락)에는 2025년 3월 쌀밥 대신 보리밥이 들어가게 되었어요. 1921년 판매를 시작한 '가시와메시かしわめし'라는 도시락인데요. 닭 육수로 지어 고소한 쌀밥에 곱게 다진 닭고기, 달걀지단, 김 고명을 얹은 것으로, 창업 당시의 재료와 조리 방식을 최근까지 유지하며 전통의 맛을 이어 왔습니다. 하지만 이 도시락 업체도 오르는 쌀값을 견디지 못하고 100여 년 만에 처음으로 쌀밥 대신 보리밥을 넣어 원가를 낮췄습니다. 이곳 말고도 라멘을 주문하면 쌀밥은 무료로 주던 라멘 가게들이 유료 제공으로 바꾸는 등 일본 외식업계에 큰 변화의 바람이 불었어요.

가정에서도 마찬가지였습니다. 쌀값이 올라 살림에 부담이 커진 일본인들은 아침 식사로 시리얼을 많이 먹게 되었다고 해요.

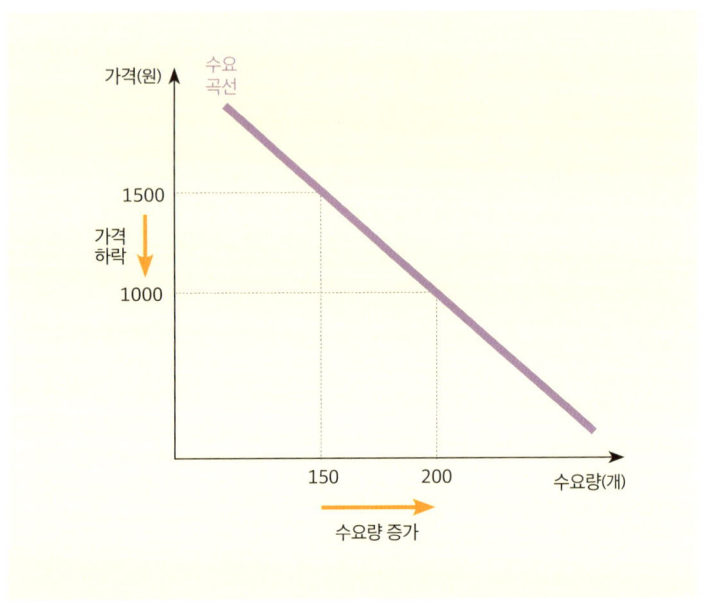

수요와 수요량

수요자는 상품의 가격이 오르면 수요량을 줄이고, 가격이 내리면 수요량을 늘린다. 상품의 가격과 수요량이 반비례하는 것을 수요 법칙이라 하며 이를 나타낸 그래프를 수요 곡선이라 한다. 수요량은 특정 가격에서 수요자들이 소비하고자 하는 상품의 양을 모두 합한 것이다.

점심에는 밥이 들어간 메뉴 대신에 파스타나 프라이드치킨, 군만 두 등을 더 자주 주문하게 되었고요. 저녁 식탁의 주요 먹거리 또 한 쌀이 아닌 감자나 두부로 바뀌었어요. 일본인의 주식은 쌀이라는 인식이 무색해졌죠.

상황이 이처럼 심각하다 보니, 한국으로 여행을 온 일본인 관광객들이 한국 쌀을 사서 귀국하는 일까지 벌어졌어요. 쌀은 무겁고 검역(해외에서 전염병이나 해충이 들어오는 것을 막기 위해 공항과 항구에서 검사하는 일) 절차도 무척 까다롭지만 한국의 쌀 가격이 일본의 절반가량에 불과해 수고를 마다하지 않은 겁니다. 결국 2025년 4월엔 35년 만에 한국 쌀을 일본으로 수출했죠. 일본 정부가 한국 쌀에 관세(나라 간 무역으로 사고파는 물건에 매기는 세금)를 매겨 일본에서 팔리는 가격이 그리 싸지 않았는데도 열흘 만에 품절되었어요. 도대체 일본에선 왜 이런 소동이 일어났을까요? 바로 쌀 수요와 공급에 불균형이 심해진 탓입니다.

대지진 공포와 늘어난 관광에 치솟은 수요

시장에서 어떤 상품을 사고 싶어 하는 욕구를 '수요'라고 합니다. 또 그런 욕구를 가진 사람을 '수요자'라고 불러요. 일본 쌀 시장을

예로 들면, 치솟는 쌀값에 문을 닫은 카레 맛집이나 밥에 보리를 섞어서 팔게 된 도시락 업체가 쌀의 수요자에 해당하는 겁니다. 메뉴에 쌀밥이 들어가는 일본의 수많은 음식점과 쌀을 주식으로 먹는 각 가정도 모두 쌀의 수요자입니다.

일본 쌀 소동의 원인으로는 여러 가지가 꼽히는데, 우선 수요가 갑자기 크게 늘어난 게 문제가 되었습니다. 2024년 일본에선 남쪽 해안가의 드넓은 지역에서 조만간 엄청난 지진이 발생할 수 있다는 경고가 나왔어요. 만약 그런 일이 생기면 농촌에서 도시로 쌀을 옮기는 도로, 쌀을 저장하는 창고, 쌀을 파는 마트 등이 모두 무너져 쌀의 유통이 어려워지겠죠. 이런 상황이 벌어질까 걱정이 커진 일본인들, 즉 쌀의 수요자들은 너도나도 쌀 사재기(필요한 것보다 훨씬 많은 양을 한꺼번에 사들이는 행위)에 나섰어요. 지진이 날 가능성이 높다고 알려진 지역의 슈퍼마켓에선 쌀이 모조리 팔려 나가 진열대가 텅 비기도 했죠. 쌀을 사고 싶어 하는 욕구의 양, 다시 말해 쌀의 수요량이 비정상적으로 폭발한 겁니다.

아울러 코로나19 사태가 진정된 이후 외국인 관광객이 밀려든 것도 원인이었습니다. 2024년 일본을 방문한 외국인 관광객 수는 무려 3686만 9900여 명에 이르러 역대 가장 많은 수를 기록했습니다. 1년 전인 2023년에 비해 무려 47.1%나 늘었어요. 많은 외국인이 맛집을 찾아다니며 초밥, 주먹밥 등 쌀밥이 들어간 일본 전통 음식을 맛보자 쌀 수요량이 증가할 수밖에 없었죠. 이렇게 수요량이 공급량보다 많은 것을 '초과 수요'라고 합니다. 팔리는 상품의 공급량이 한정된 상황에서 초과 수요가 발생하면, 적은 양의 상품을 놓고 수요자들끼리 서로 가지려는 경쟁이 붙어 가격이 점점 비싸져요. 원래 1000원에 팔던 상품을 2000원, 3000원을 주고도 사겠다는 사람들이 나오면 값은 계속 오르기 마련이니까요.

남아돌던 쌀의 행방은? 오히려 줄어든 공급

공급은 수요의 반대라고 생각하면 이해하기 쉬워요. 시장에서 어떤 상품을 팔아서 돈을 벌고 싶어 하는 욕구가 '공급'이고, 그런 욕구를 가진 사람이 '공급자'입니다. 일본 쌀 시장을 예로 들자면 벼농사를 지어 쌀을 생산하는 농부와 쌀을 시장에 유통시키는 유통업자가 쌀 공급자인 거죠. 그런데 2024년 일본에는 기후 변화의 영향으로 극심한 무더위가 찾아왔습니다. 너무 더워서 벼가 제대로 여물지 못하는 바람에 쌀의 품질이 나빠지고 생산량도 줄었어요. 쌀의 수요량은 크게 늘었는데 공급량이 오히려 감소한 겁니다.

이게 다가 아닙니다. 쌀의 수요량이 폭발해 가격이 점점 오르자, 쌀 공급자인 일부 유통업자들이 가뜩이나 부족해진 쌀을 닥치는 대로 사들여 창고에 쌓아 둔 뒤 시장에 내놓지 않았다고 해요. 나중에 더 비싼 값을 주고도 사겠다는 수요자가 생기면 조금씩 팔면서 큰 이익을 남기겠다는 욕심이었죠. 쌀은 적당한 기온과 습도가 유지되면 상하지 않아서 오랜 기간 보존할 수 있기 때문입니다. 이처럼 공급량을 일부러 줄여 가격을 올리는 행위를 매점매석買占賣惜이라고 합니다. 매점은 물건을 사서 쟁이는 것, 매석은 비싼 값을 받기 위해 물건을 아껴 가며 아주 조금씩 파는 것을 뜻해요. 이러니 시장의 쌀 공급량이 확 줄어들 수밖에 없었습니다.

시장에서 상품의 가격은 수요 곡선과 공급 곡선이 만나 균형을 이루는 지점에서 결정됩니다. 이것을 균형 가격이라고 해요.

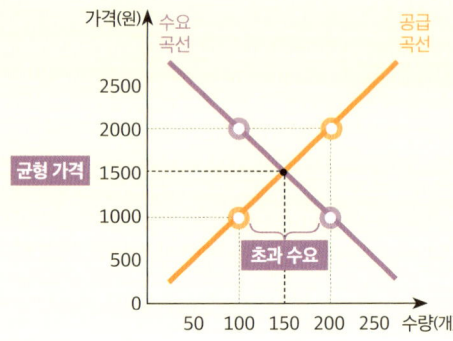

가격(원)	수요량(개)	공급량(개)
500	250	50
1000	200	100
1500	150	150
2000	100	200
2500	50	250

균형 가격의 형성

만약 상품의 시장 가격이 1000원이라면, 수요량은 200개인데 공급량은
100개뿐이라 초과 수요가 생긴다. 시장 가격이 1500원일 때는 수요자와
공급자가 모두 원하는 양을 거래할 수 있다. 수요량과 공급량이 일치하는 점에서
결정되는 시장 가격을 균형 가격이라 한다.

일본의 쌀 시장에선 지진을 걱정한 일본인들의 사재기와 갑자기
늘어난 외국인 관광객들로 쌀의 수요량이 급증하며 수요 곡선이
한참 오른쪽으로 이동했습니다. 그런데 무더위로 인한 흉년과 일
부 유통업자의 매점매석 때문에 공급량은 부족해져 공급 곡선이
왼쪽으로 크게 움직였죠. 쌀 수요와 공급의 균형이 심각한 수준

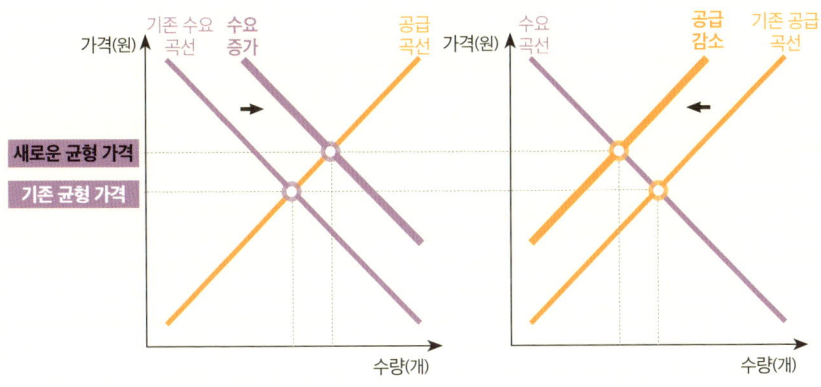

수요 증가와 공급 감소에 따른 균형 가격 변화

어떤 상품의 공급이 일정한 상황에서 수요가 증가한다는 것은 '모든 가격 수준에서 소비자들의 수요량이 이전보다 증가한다'는 것을 의미한다. 한편 어떤 상품의 수요가 일정한 상황에서 공급이 감소한다는 것은 '모든 가격 수준에서 생산자들의 공급량이 이전보다 감소한다'는 것을 의미한다.

으로 깨져 시장이 불안해진 겁니다. 결국 두 곡선이 서로 반대 방향으로 이동하며 두 곡선이 만나는 지점의 균형 가격이 위로 솟구쳤고, 일본 쌀의 가격은 1년 전에 비해 두 배가 넘게 뛰고 말았습니다.

이웃 나라 '쌀 소동'이 주는 경고

수요와 공급의 불균형이 가져온 일본의 쌀 소동을 둘러싸고 다른 주장도 나옵니다. 한국과 마찬가지로 일본에서도 입맛이 서구화되면서 밀이나 고기를 많이 먹고 쌀 소비량은 계속 줄고 있는데요. 이런 변화에 따라 일본 정부는 오랫동안 주식인 쌀의 생산량, 즉 공급량을 줄이는 정책을 펼쳐 왔습니다. 쌀 대신 콩이나 보리를 재배하는 농가에 보조금을 더 주는 식으로 말이죠. 얼마 전까지만 해도 쌀의 과잉 생산, 즉 초과 공급으로 쌀 가격이 너무 낮아진 게 문제였거든요.

이에 일본 농가들은 점점 벼농사를 덜 짓게 되었습니다. 농업의 큰 틀이 바뀌어 쌀 공급량이 늘 부족해진 만큼 언제든 쌀 소동이 다시 터질 수 있다는 이야기도 나오고 있어요.

일본 정부는 2025년 봄부터 비축미를 시장에 내놓고 외국산 쌀을 수입하며 쌀 공급량 늘리기에 적극 나섰습니다. 공급량이 늘면 공급 곡선이 오른쪽으로 움직이면서 가격이 떨어질 테니까

2025년 4월, 폭등한 일본 쌀 가격

요. 비축미는 쌀을 생산할 수 없거나 유통시키기 어려운 비상 상황에 대비해 정부가 미리 저장해 둔 쌀을 뜻해요. 원래는 거대한 지진이나 태풍 같은 자연재해가 발생했을 때 시장에 공급하는 것이 목적이지만, 너무 비싸진 쌀값을 내리고자 비축미를 동원해 공급량을 늘린 겁니다. 그러나 쌀의 초과 수요가 워낙 심각한 탓에 그 정도의 공급량으로는 가격을 예전 수준으로 낮추지 못했어요. 일본 농가에선 창고에 보관 중인 쌀을 훔쳐 가는 사건까지 잇달아 일어났습니다.

이웃 나라 일본과 달리 한국은 쌀값이 크게 오르거나 내리지 않고 안정적인 편이었어요. 지진 걱정으로 인한 사재기도 없고 외국인 관광객 수도 훨씬 적어서 수요량이 급격히 늘어날 요인이 거의 없었습니다. 그런데 2025년 여름, 한국에서도 쌀값이 갑자기 크게 올랐습니다. 1년 사이에 17%나 상승했어요. 그러자 일부 음식점에선 1000원~1500원에 팔던 공깃밥 가격을 2000원으로 대폭 올리기도 했습니다. 일본과 비슷한 상황이 벌어진 것이죠. 2024년 수확된 쌀의 생산량, 즉 공급이 별로 늘지 않았는데 한국 정부가 과잉 생산으로 시장에서 쌀 가격이 떨어질 것을 우려해 지나치게 많은 양을 사들인 뒤 쟁여 둔 게 주요 원인으로 지목되었어요. 수요는 큰 변화가 없었지만 섣부른 판단으로 공급이 줄어드는 바람에 시장 가격이 치솟은 겁니다.

이처럼 수요와 공급의 변화는 늘 가격에 영향을 끼칩니다. 걱정스러운 건 이런 상황이 앞으로 또 일어날 수 있다는 점입니다. 한국 정부도 이미 오래전부터 일본처럼 쌀 공급량을 줄이는 정책을 펼치고 있습니다. 이에 해마다 논의 면적이 줄어드는 추세입니다. 하지만 챗GPT가 단언한 것처럼, 쌀은 한국인의 주식입니다. 수요와 공급 법칙에 따라 경제 논리만 따져서 쌀의 공급량을 무작정 줄이면 일본의 쌀 소동과 같은 가격 폭등이 언제 발생할지 몰라요. 날로 심각해지는 기후 변화의 영향도 잊어선 안 됩니다.

삼겹살

소고기의 대체재,
부루스타의 보완재

한국인이 가장 많이 먹는 고기는 돼지고기입니다.

한국농촌경제연구원의 조사에 따르면, 2024년 한국인 한 사람이 1년 동안 먹은 돼지고기는 약 30kg으로 나타났어요. 2위에 오른 닭고기(15.2kg)나 3위인 소고기(14.9kg)에 비해 두 배나 많았죠. 돼지고기 중에서도 가장 인기 있는 부위는 바로 삼겹살입니다. 응답자의 무려 60%가 삼겹살을 좋아한다고 답했어요.

딱히 놀랄 만한 결과는 아닙니다. 불판 위에서 지글지글 소리를 내며 노릇하게 구워진 삼겹살의 기름지고 고소한 맛은 계속 젓가락이 가게끔 만들잖아요. 겉은 바삭하고 속은 쫄깃하게 씹히는 그 식감은 또 어떻고요. 동네마다 삼겹살 파는 밥집이며 고깃집이 흔한 것은 물론, 깔끔하고 독특한 분위기와 새로운 맛이나 서비스를 내세운 삼겹살 전문 프랜차이즈도 많습니다. 그런데 원래 삼겹살은 찾는 사람이 별로 없는 천덕꾸러기 부위였어요. 삼겹살이 지금처럼 몸값이 높아진 데에는 한국 경제의 성장이 커다란 영향을 끼쳤습니다.

냄새나고 건강에 해로운 천덕꾸러기

원래 한국인은 돼지고기를 지금처럼 즐겨 먹지 않았어요. 돼지에게 먹일 사료를 만드는 기술이 발달하지 않은 탓에 누린내가 심했고 기생충이 많았거든요. 바싹 익히지 않으면 식중독을 일으키는 일이 잦았습니다. 가축으로 기르기엔 돼지의 먹성이 워낙 좋아서 사료를 많이 챙겨 줘야 하는 점도 형편이 어려운 농민들에게 큰 부담이었습니다.

그리고 한의학이 주류였던 과거엔 아프면 한약을 달여 먹었는데, 기름기가 많은 돼지고기는 약의 효과를 떨어뜨린다고 해서 기피했죠. 덥고 습한 여름에 먹으면 건강에 해롭다는 오랜 믿음 또한 돼지고기를 꺼리게 만든 이유였습니다.

상황은 1961년 박정희 정부가 들어서며 달라집니다. 당시 정부는 한국전쟁 이후 극심해진 식량 부족에서 벗어나기 위해 수출을 크게 늘렸는데요. 외국에서 돈을 빌리거나 기술을 들여와 도로, 항만(배가 안전하게 드나들고 머무를 수 있게 만들어 놓은 곳), 조선

소 등 산업 기반 시설을 만들고 공장을 지어 수출 산업을 키웠어요. 수출을 주도한 건 공업이지만 농·축·수산업 분야에서도 외국에 팔 먹거리를 찾았습니다. 가난한 나라였던 한국은 인건비가 무척 낮았기 때문에 농작물, 축산물, 수산물을 싼값으로 생산할 수 있었거든요. 수출품을 배에 실어 외국으로 옮기는 비용을 고려해도 인건비 덕택에 수출 가격이 무척 저렴했던 겁니다.

돼지도 수출 품목이었습니다. 수출을 위해 정부가 양돈업(돼지를 기르는 일)을 적극 지원했죠. 대규모 축사를 지어 사육하는 마릿수를 대폭 늘리고, 잡내가 나지 않도록 배합 사료를 공급하거나 수출용 돼지고기를 보관하는 냉장 시설을 마련하는 등 산업화를 추진하자 생산량이 크게 증가했어요. 한국산 돼지는 일본, 홍콩처럼 경제가 발달한 주변 지역으로 저렴한 값에 팔려 나가며 외화(외국 돈)를 벌어들이는 수단이 되었습니다. 하지만 주로 수출된 건 살아 있는 돼지나 살코기였어요. 기름이 많고 냄새가 심한 비계, 내장, 족발 같은 부위는 외국에서 거들떠보지도 않았죠.

소가 비싸지면 돼지를 대체재로

수출용 살코기를 쏙 발라내고 남은 부위들은 한국의 시장과 식당에 식재료로 공급되어 한국인의 밥상에 오릅니다. 비계투성이인 삼겹살은 당연히 돼지 내장이나 족발과 마찬가지로 생강이며 후추며 각종 향신료를 마구 넣어 누린내가 나지 않도록 요리해 먹었어요. 이렇게 좋은 품질의 상품은 무조건 우선적으로 수출하는 노력 끝에 한국은 경제 성장을 이뤄 냅니다. 특히 1970년대 후반부터 철강, 기계, 조선, 전자, 화학 등 중화학 공업으로 큰돈을 벌어 경제 성장 속도가 무척 빨라지고 규모도 커졌죠.

세계에서 가장 가난한 나라로 꼽히던 한국의 이러한 도약을 '한강의 기적'이라고 부릅니다. 그야말로 기적 같은 일이었으니까요. 외국에서 벌어 온 돈으로 나라의 경제 사정이 좋아지자 서민들의 주머니도 두둑해집니다. 여윳돈이 생겨 생활 형편이 나아진 한국인들은 점차 고기를 많이 사 먹을 수 있었어요. 경제 성장이 고기의 수요를 변화시키는 요인이 된 거죠. 그러면서 육류 소

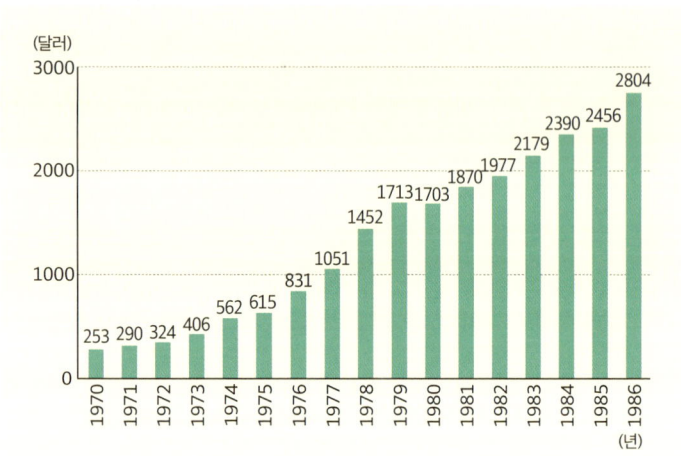

1970~1986년 한국의 1인당 국내 총생산(GDP)

국내 총생산이란 한 나라 안에서 그 나라의 국민과 외국인이 1년 동안 새롭게 생산한 재화와 서비스가 시장에서 갖는 가치를 합한 것이다. 국내 총생산의 증가는 생산하고 소비하는 재화와 서비스 양이 늘어났다는 의미로, 경제 활동이 활발해지고 경제 규모가 커졌음을 보여 준다.

한국의 1인당 GDP는 1970년 253달러에 불과했으나 1977년 1051달러, 1979년 1713달러로 급격히 증가하더니 1985년에는 2456달러를 돌파했다. 최고 성장률을 기록했던 해는 1974년(38.4%)이다. ⓒ통계청

비량, 즉 고기의 수요량이 크게 늘어납니다.

당시 한국인이 좋아하는 고기는 소고기였습니다. 그런데 소고기는 가격이 자주 치솟곤 했어요. 경제 성장의 영향으로 소고

기 수요량이 공급량에 비해 훨씬 높아지면서 일어난 현상이었습니다. 앞서 이야기했듯 초과 수요는 상품의 균형 가격을 높이니까요. 소고깃값이 너무 올라서 부담스러워지면, 사람들은 아쉬운 대로 돼지고기를 대신 사 먹었습니다. 맛있어서가 아니라 소고기보다 값이 저렴해서였어요. 돼지고기가 소고기의 '대체재'였던 것이죠. 대체재란 한자 '代(대신할 대)', '替(바꿀 체)', '財(재물 재)'를 합친 말로, 서로 효용이 비슷해 바꿔서 대신 쓸 수 있는 재화를 가리켜요.

늘어나는 국민 소득, 널뛰는 돼지고깃값

국민 소득이 크게 증가한 1970년대 말에는 소나 돼지를 가릴 것 없이 고기를 사 먹는 사람들이 많아지면서 육류 가격이 폭등합니다. 고기 공급량은 별다른 변화가 없는데 수요량만 폭발하니 수요 곡선이 오른쪽으로 크게 움직여 균형 가격이 위로 솟구친 겁니다. 1978년엔 겨우 한 달 만에 소고깃값이 44%, 돼지고깃값이

64%나 오르는 '육류 파동' 사태가 벌어졌어요. 돼지고기가 소고기의 대체재 역할도 하지 못할 만큼 고기 수요량이 급격히 늘어난 것이죠.

치솟은 가격을 안정시키려면 수요량을 줄이거나 공급량을 늘려야 하는데요. 대전시는 고기의 수요를 억제해 가격을 내리겠다며 한 달에 하루씩 식당이나 정육점에서 소고기와 돼지고기를 팔지 못하게 하는 '무육일(고기 없는 날)'을 정해서 시행하기도 했습니다. 하지만 이 정도 조치로는 어림없었죠. 결국 해결책은 공급을 변화시키는 데 있었습니다. 한국 정부는 돼지고기의 국내 시장 공급량을 확 늘려 가격을 낮추겠다며 일본 수출을 중단합니다. 농민들에겐 융자(자금을 빌려주는 것)까지 내주면서 돼지를 더 많이 기르라고 장려했어요. 그래도 가격이 좀처럼 떨어지지 않자, 대만과 미국에서 돼지고기를 수입해 공급량을 더욱 늘렸습니다.

그러자 이번엔 정반대 상황이 벌어졌어요. 돼지고기 공급량이 지나치게 많아 수요량을 초과한 겁니다. 초과 공급은 상품의 가격을 떨어뜨리죠. 수요와 공급의 법칙에 따라 겨우 1년 뒤엔 돼지고기가 남아돌며 가격이 폭락합니다. 농민들은 돼지를 열심히 키워 봤자 사룟값도 못 건져 손해가 크다며 대책을 마련하라고 요구했어요. 정부는 돼지고기 공급량에 맞춰 수요량을 늘리겠다며 소고기 가격을 크게 올립니다. 한국에선 소고기가 비싸지면 대체재인 돼지고기를 사 먹었으니까요.

삼겹살 인기에 불을 붙인 부루스타

정부가 소고기 가격을 껑충 올렸는데도 폭락한 돼지고깃값은 좀처럼 회복되지 않았습니다. 외국에서 수입한 돼지고기까지 창고에 쌓여 있으니 초과 공급이 엄청났던 겁니다.

이에 서울시는 음식점에서 일주일에 두세 번 이상 돼지고기로 만든 요리를 팔게 하며 수요량을 더욱 늘리려고 했어요. 이런 방침에 따라 술과 안주를 파는 가게에서 불판에 구운 삼겹살이 유행합니다. 삼겹살은 값이 싼 데다 기름이 많아 구워도 판에 잘 들러붙지 않고 뒤처리하기 편해서 회식 메뉴로 큰 인기를 끌었어요. 그러면서 원래 잘 먹지 않던 삼겹살구이에 맛을 들인 사람들

이 많아졌고, 돼지고기 수요량이 증가해 가격도 점차 안정되어 갑니다.

회식의 단골 메뉴로 떠오른 삼겹살이 대중적으로 사랑받게 된 건 1980년대입니다. 여기엔 두 가지 이유가 있습니다. 우선 이 시기에 국민 소득이 계속 늘어나 생활이 여유로워지면서 주말이나 공휴일에 산, 계곡, 바다 등으로 여행을 다니는 레저 산업이 발달했고요. 또 한 가지 계기는 휴대용 가스레인지인 '부루스타'가 등장한 것이었습니다. 가정에서 사용하는 가스레인지는 배관과 호스로 가스를 공급받아야 불을 켤 수 있는데요. 1980년에 나온 부루스타는 작은 크기의 휴대용 부탄가스통만 툭 끼워서 쓸 수 있으니 야외에서 요리할 때 안성맞춤인 조리 도구였습니다. 그즈음 가족이나 친구들끼리 경치 좋은 곳에 놀러 가서 고기를 구워 먹는 문화가 널리 퍼지며 값이 싼 삼겹살과 부루스타는 함께 잘 팔립니다. 삼겹살과 부루스타가 서로 '보완재'였던 것이죠.

보완재補完財는 '서로 도울 때 완전해지는 재화'란 뜻입니다. 경제학에서는 하나만 쓸 때보다 함께 소비할 때 더욱 큰 만족감(편익)을 얻을 수 있어 서로 보완이 되는 재화를 가리켜요. '바늘 가는 데 실 간다'란 옛날 속담이 있는데요. 그 말처럼 바늘과 실은 함께 사용할 때 제 역할을 발휘하는 대표적인 보완재입니다. 먹거리에서 사례를 찾자면, 햄버거나 피자를 먹을 때 세트로 묶일 정도로 단짝인 콜라나 사이다가 해당되겠죠.

수입해도 없어서 못 먹는 메뉴가 되다

여러 사람이 배불리 먹기 좋은 값싼 삼겹살과 밖에서도 고기를 굽게 해 주는 편리한 부루스타는 서로 보완재가 되어 대박을 터뜨렸습니다. 비계투성이로 취급받던 고기는 없어서 못 먹는 '1등 부위'로 거듭났어요. 1993년 대한양돈협회가 전국의 주부 2300명을 대상으로 실시한 설문 조사 결과, 가정에서 가장 자주 사먹는 돼지고기 부위는 삼겹살(45.8%)로 나타났습니다. 2위 목살(19.3%), 3위 등심(8.9%), 4위 갈비(5.6%), 5위 안심(5.5%) 등 살코기를 한참 앞선 수치였죠.

수요량이 높아지며 삼겹살 가격은 점점 올랐습니다. 결국 공급량이 수요량을 따라가지 못해 너무 비싸지자 다시 외국산까지 수입하게 됩니다. 특히 1990년대엔 덴마크산 삼겹살이 많았습니다. 살코기를 주로 먹는 유럽 사람들이 꺼리는 삼겹살을 저렴한 값으로 한국 육류 시장에 들여온 겁니다. 1994년에는 우루과이 라운드(원자재와 공산품을 넘어 농축산물, 서비스 산업, 자본 투자, 지적 창작물에 대한 소유권의 자유로운 거래까지 목표로 삼은 무역 협상)가 타결되는데요. 이로 인해 1997년 한국의 돼지고기 시장이 외국에 완전히 개방되자 삼겹살의 수입량은 더욱 크게 늘었어요. 시장에서 사고팔리는 삼겹살의 절반가량이 수입산일 정도였습니다.

수입으로 공급량을 늘렸는데도 삼겹살의 수요량이 워낙 많아 시장이 커진 가운데 경쟁은 보다 치열해집니다. 삼겹살 전문 식당들은 저마다 와인에 숙성한 삼겹살, 한약재로 양념한 삼겹살 등 독특한 맛과 향의 프리미엄 삼겹살을 선보이기 시작했어요. 침침한 조명과 기름때, 연기 자국으로 지저분했던 '삼겹살집' 특유의 분위기를 벗어나 고급 레스토랑처럼 깔끔하게 단장한 곳들도 생겼습니다. 변화에 힘입어 남녀노소 누구나 즐기는 외식 메뉴가 되면서 삼겹살 가격은 꾸준히 올랐죠. 2024년에는 서울 음식점의 삼겹살 1인분(200g) 평균 가격이 처음으로 2만 원을 넘었어요. 싼값에 넉넉히 먹을 수 있어 '가성비(가격 대비 성능이나 만족

삼겹살집의 변화

도의 비율)' 높은 고기였던 삼겹살이 이제는 부담스러운 외식 메뉴가 된 겁니다. 한때 소고기의 대체재로 먹었던 삼겹살이 너무 비싸지는 바람에 요즘은 삼겹살의 대체재로 닭고기를 찾는 수요가 늘고 있을 정도로 말이죠.

인플레이션 신호등이 된 여름 별미

구수하면서 새큼한 국물을 그릇째 벌컥벌컥 들이켜면 배 속까지
시원해지는 국수 요리. 바로 냉면이죠. 냉면이라고 묶어서
부르지만, 취향에 따라 선택할 수 있는 종류가 몇 가지 있어요.
개운한 육수 맛이 일품인 담백한 물냉면, 매콤달콤한 양념이
매력적인 비빔냉면, 쫄깃한 홍어회를 비벼 먹는 회냉면….
메밀로 면을 만드는 평양냉면과 감자나 고구마 가루로 면을
만드는 함흥냉면으로 나뉘기도 하고요. 아무튼 한자로 '冷(찰
랭)'과 '麵(국수 면)'을 합친 이름에서 짐작할 수 있듯이 차갑게
먹는다는 공통점이 있죠. 그래서인지 냉면은 여름에 떠오르는
음식을 묻는 설문 조사에서 여러 번 1위를 차지한 메뉴입니다.
날씨가 무더워지면 유명한 냉면집마다 줄이 길어지는데요. 그즈음
단골처럼 등장하는 언론 기사가 있어요. '냉면값 또 올랐다'는
내용입니다. 좋아하는 사람들이 워낙 많은 먹거리인 만큼 냉면
가격에 대한 관심도 무척 높기 때문이에요. 냉면 가격이 계속
무섭게 오르는 점도 이런 보도가 줄기차게 나오는 이유입니다.

냉면 가격은 옛날에 비해 얼마나 비싸졌을까요? 신문 기사를 뒤져 보니 1954년 서울 시내에서는 냉면 한 그릇을 150환으로 사 먹을 수 있었다고 합니다. '환'은 1953년부터 1962년까지 한국에서 사용된 화폐 단위예요. 1962년부터 도입된 '원'이 가진 가치의 10분의 1이었죠. 그러니까 150환은 지금의 15원과 같은 액수의 비용이었습니다. 15원이라니, 요즘은 이 정도 돈을 갖고 뭘 사기 어렵잖아요. 그런데 1954년엔 냉면 한 그릇을 먹을 수 있을 만큼 적지 않은 돈이었던 겁니다.

'10년이면 강산도 변한다'는 속담이 있죠. 시간이 흐르면서 주변의 많은 것이 크게 달라지는 현상을 가리키는 말인데요. 1954년 15원이던 서울의 냉면값은 10년이 지나 강산이 변한 1964년엔 70원으로 올랐습니다. 약 4.7배가 오른 셈입니다. 이처럼 먹거리 가격이 크게 뛰자 당시 박정희 정부는 서울 시내 음식점들이 가격을 내리도록 했어요. 외식비가 갑자기 오르면 주머니 사정이 좋지 않은 서민들은 곤란해지니까요. 군부 독재 체제였기 때문에 시장을 압박할 수 있었던 겁니다. 그 결과 냉면 가격은 70원에서 40원으로 단숨에 내려갔죠.

하지만 정부의 요구에 못 이겨 억지로 내린 냉면값은 이듬해 두 배에 달하는 80원으로 오르더니 10년이 지난 1975년엔 200원이 되었어요. 먹거리 가격을 안정시키겠다며 이런저런 조치를 꾸준히 취했는데도 2.5배가 비싸진 겁니다.

이건 약과였습니다. 9년 뒤인 1984년엔 냉면 한 그릇 가격이 1500원에 이르렀어요. 겨우 9년 만에 무려 7.5배나 오른 것이죠. 고급 음식점 중에는 2000원짜리 냉면을 파는 곳도 있었다고 합니다.

냉면 가격이 ○○를 출렁이게 한다고?

그로부터 20년이 지난 2005년 냉면값은 6000원~7000원 정도가 되었어요. 계속 비싸지긴 했지만 전에 비하면 적은 폭으로 상승한 편이었습니다. 1997년 외환 위기가 일어나 경기가 침체되고 사람들이 돈을 아끼자 냉면의 수요가 크게 늘지 않아서 가격이 덜 오른 겁니다. 그래도 2015년엔 1만 원을 넘어서기 시작했고, 2025년이 되자 서울의 유명 평양냉면 전문점의 물냉면 가격은 1만 5000원~1만 6000원으로 뛰었습니다. 냉면 한 그릇에 2만 원인 시대가 곧 올 것이라는 언론 보도가 여기저기서 나오기 시작했어요. 이런 예측에 한국 정부(농림축산식품부)가 이례적으로 입장을 발표하기도 했습니다.

한국소비자원에서 발표하는 참가격에 따르면, 2025년 3월 전국 냉면 가격은 1만 371원, 서울 지역은 1만 2115원입니다. 기사의 내용처럼 일부 유명 평양냉면 전문점의 가격은 1만 5000원~1만 6000원으로, 기사의 제목인 2만 원과는 차이가 큽니다. 현재 냉면 가격이 2만 원인 것으로 오해하기 쉬운 제목으로 보도하는 것은 소비자들에게 불안감을 조성할 수 있고 외식 물가 안정에도 도움이 되지 않으므로, 보도에 유의해 주시기 바랍니다.

반박문에 나온 것처럼, 냉면 가격이 치솟고 있다는 인식은 소

비자를 불안하게 만듭니다. 내가 벌거나 가진 돈은 그렇게 늘지 않는데 냉면값만 자꾸 오르면 경제적 부담이 커져 사 먹는 걸 주저하게 돼요. 물론 냉면 한 그릇이 2만 원이 아니어도 그동안 가격이 얼마나 올랐는지 따져 보면 불안한 정도가 아니라 무서울 지경입니다. 1954년 15원이던 가격이 2025년엔 약 1만 5000원에 이르고 있으니까요. 냉면값은 70년 동안 무려 1000배나 비싸진 셈입니다.

무시무시하게 높아지는 물가 뒤에는

세월이 흐르면서 비싸진 건 냉면만이 아닙니다. 비빔밥도, 설렁탕도, 짜장면도 다 비싸졌어요. 이런 먹거리들 말고 옷이며 가구며 가전제품이며 자동차며 가릴 것 없이 우리가 일상에서 사용하는 모든 물건의 가격, 즉 물가(시장에서 사고파는 여러 종류의 상품 가격을 종합해 평균을 낸 값)는 계속 올랐습니다.

집값은 말할 것도 없어요. 부유한 사람들이 사는 서울 강남구 압구정동의 한 아파트는 1976년 분양 당시 60평(198m²)대 한 채에 1770만 원이었습니다. 그런데 2025년 같은 면적의 아파트가 105억 원에 팔렸어요. 50여 년 동안 약 593배나 비싸진 겁니다. 1975년 200원이던 냉면값이 2025년 75배가 올라 1만 5000원이 된 점을 생각하면, 비슷한 기간에 강남의 아파트 가격이 얼마나 무시무시하게 올랐는지 알 수 있죠.

이렇게 물가가 계속 오르는 현상을 경제학에선 인플레이션 inflation이라고 합니다. 가스를 넣은 풍선처럼 커지는 것을 뜻해요. 상품의 가격이 끊임없이 비싸지는 게 마치 풍선이 부풀어 오르는 모양새와 닮았다고 해서 이렇게 부르는 거예요. 냉면값의 숫자 길이(15→15000)만 봐도 이해하기 쉽습니다. 두 자릿수였던 게 숫자 '0'이 세 개나 뒤로 더 붙으면서 다섯 자릿수로 길게 부풀었잖아요.

그런데 인플레이션은 왜 발생할까요? 물가가 오르는 데에는 다양한 원인이 작용합니다. 우선 수요와 공급의 법칙을 들 수 있죠. 수요가 공급을 초과하면 재화나 서비스의 가격이 오른다는 건 이제 충분히 알게 되었을 텐데요. 하나의 상품이 아니라 경제 전반의 상품에 대한 수요가 공급보다 많으면 여러 종류의 상품

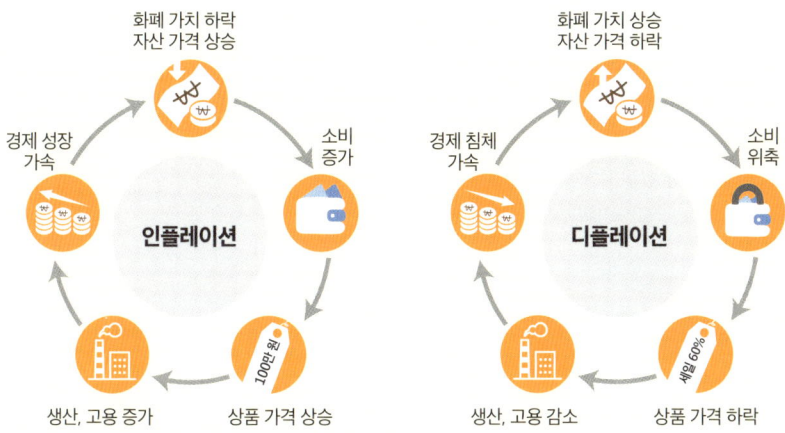

인플레이션과 디플레이션

인플레이션은 경제가 성장하고 취업자가 늘어 사람들이 더 많은 소비를 할 수 있을 때 주로 나타난다. 이와 달리 통화량(시중에 유통되는 화폐의 양)이 줄어 물가가 떨어지고 경제 활동이 침체되는 현상은 '디플레이션deflation'이라고 한다. 경제 상황이 악화되었는데도 물가만 계속 오르는 현상은 '스태그플레이션stagflation'이다.

가격이 동시에 비싸지는, 다시 말해 물가가 오르는 인플레이션

이 발생합니다. 시중에 유통되는 화폐의 양이 늘어 돈이 흔해지

며 더 많은 사람들이 재화나 서비스를 살 수 있게 되어도 물가가

올라요. 자원이 부족한 한국에선 석유, 금속 등 공업 원료가 되는 자재인 원자재를 외국에서 수입하는데, 원자재 가격이 오르면 상품을 만드는 데 돈이 더 들어가서 인플레이션이 일어나기도 합니다.

사 먹는 사람이 늘어날수록 오른다

어느 마을에 A, B, C, D, E가 살고 있습니다. A는 월급이 1500원이고 B, C, D, E는 각각 150원이라 가정해 보죠. 이 마을의 냉면 가게는 냉면 한 그릇에 15원을 받습니다. 한 달에 1500원을 버는 A는 냉면값 15원이 별로 부담스럽지 않아서 자주 사 먹을 수 있어요. 하지만 월급이 겨우 150원인 B, C, D, E는 평소 절약하다가 정말 먹고 싶을 때에만 가끔 맛볼 수 있습니다. 냉면 한 그릇에 월급의 10%나 써 버리게 되니까요.

그러던 어느 날 이 마을에 신발 공장이 새로 생깁니다. 이 공장에서는 노동자에게 월급을 1500원씩 줬어요. 가난에 허덕이던 B,

C, D, E는 월급이 열 배나 많은 신발 공장에 노동자로 취업하죠. 매달 1500원을 벌어 경제적으로 여유가 생긴 B, C, D, E는 A와 마찬가지로 냉면이 먹고 싶을 때마다 사 먹을 수 있게 됩니다. 냉면의 수요가 갑자기 늘어난 겁니다. 손님이 많아지자, 냉면 가게 주인은 냉면값을 15원에서 30원으로 두 배 올립니다. 가격을 어느 정도 올려도 냉면을 사 먹으려는 수요가 크게 줄지 않아 이윤을 더 늘릴 수 있으니까요. 기업이든 소상공인이든 상품을 팔아 돈을 버는 장사는 이윤을 많이 남기는 게 목적이잖아요.

물론 신발 공장에서 B, C, D, E에게 주는 월급 1500원은 하늘에서 그냥 뚝 떨어진 게 아닙니다. 공장을 운영하는 사장이 은행에서 빌린 돈으로 건물을 짓고 기계를 사들인 뒤 노동자를 고용하고, 생산된 신발을 시장에 판매하거나 해외로 수출해 더 큰 돈을 벌어 월급을 줄 수 있게 된 겁니다. 은행이 공장 사장에게 공짜로 돈을 빌려준 건 아닙니다. 약속한 날짜에 빌려준 돈의 원금에 더해 이자까지 받기로 하고 내어 준 겁니다. 물론 은행에서 공장에 빌려주는 돈도 땅에서 솟아난 게 아니죠. 한국은행에서 나라의 경제가 어느 정도로 발전할지, 그렇게 발전하는 과정에서 필요한 돈이 얼마나 될지 꼼꼼히 따지고 전망해 그에 맞는 규모로 찍어 낸 돈입니다.

앞서 냉면값이 1970~1980년대에 특히 가파르게 오른 점을 확인할 수 있었죠. 그 무렵 한국은 공장에서 생산한 가전제품, 자동차 등을 해외로 수출해 외화를 벌어들였습니다. 경제가 빠른 속도로 성장했죠. 이에 더 많은 회사와 공장을 세우고 거기서 일할 사람들을 더 많이 고용하게 되었어요. 그러기 위해선 엄청난 자금이 필요했고, 돈을 빌리려는 곳들도 크게 늘었습니다. 이처럼 돈의 수요가 늘어남에 따라 한국은행은 돈을 점점 더 많이 발행했어요. 그 많은 돈이 은행 등 금융회사의 대출(돈을 빌려주거나 빌리는 것)로 계속 시중에 풀렸습니다. 유통되는 화폐, 즉 시장에서 주고받는 돈의 양이 급격히 늘어난 거예요.

인플레이션은 나쁘기만 한 걸까

수요와 공급의 법칙에 따라 재화의 공급이 늘면 가격이 내려가게 되는데, 돈 역시 마찬가지입니다. 시장에 돈의 공급량이 늘자 돈이 흔해졌고 그 가치는 점점 떨어졌어요. 1954년엔 15원이 냉면 한 그릇의 가치와 맞먹었지만 1985년엔 다 마시고 버린 빈 맥주병 한 개 정도의 가치에 불과했습니다. 인플레이션으로 돈의 가치가 계속 떨어지면, 현금이나 은행에 맡긴 예금과 같은 금융 자산을 가진 사람은 점점 가난해지는 셈입니다. 자산의 가치가 갈수록 줄어드니까요.

반면 토지, 건물 등 부동산과 같은 실물 자산은 인플레이션과 함께 가격이 계속 오르는 특성이 있습니다. 따라서 인플레이션이 심각해지면 사람들은 금융 자산을 갖고 있는 대신 실물 자산을 사들여 자산의 가치를 높이려고 합니다. 앞서 이야기한 압구정동의 한 아파트가 50여 년 만에 무려 593배나 비싸진 것도 바로 그 때문입니다.

경제 성장으로 돈이 시중에 풀리며 발생하는 적당한 인플레이션은 자연스러운 현상입니다. 하지만 경제 성장 속도가 느리거나 소득 분배(경제 활동에서 나온 생산물, 소득 등을 사회 구성원들이 나눠 갖는 것)가 제대로 이뤄지지 않은 상태에서 일어나는 급격한 인플레이션은 문제를 일으킵니다. 버는 돈보다 물건을 사는 데 쓰는 돈이 늘어날수록 생활비 부담이 커지기 때문이죠. 소득이 적은

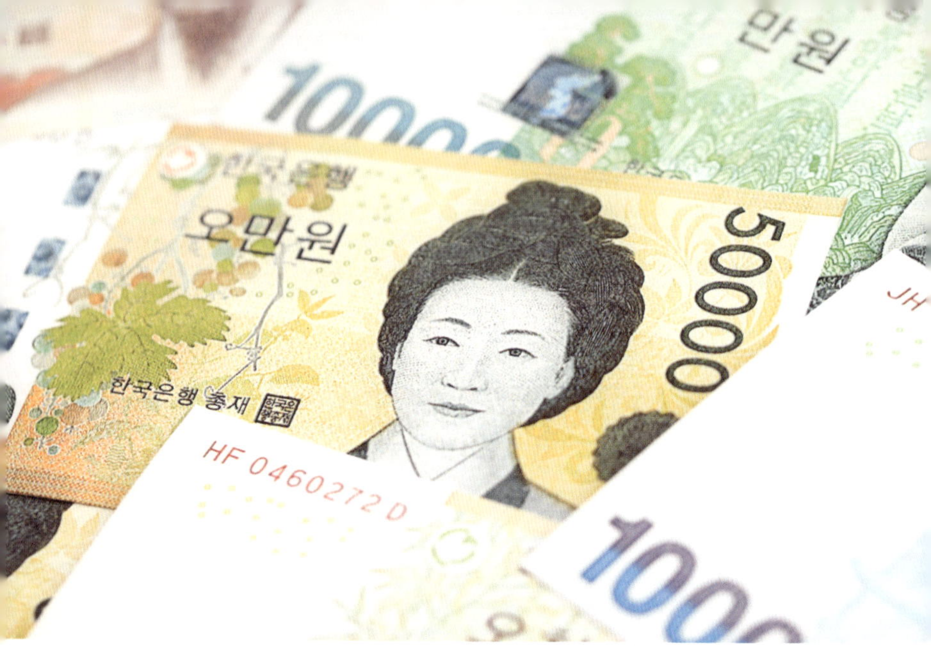
만원
한국은행
오만원
50000
한국은행 총재
HF 0460272 D

금융 자산

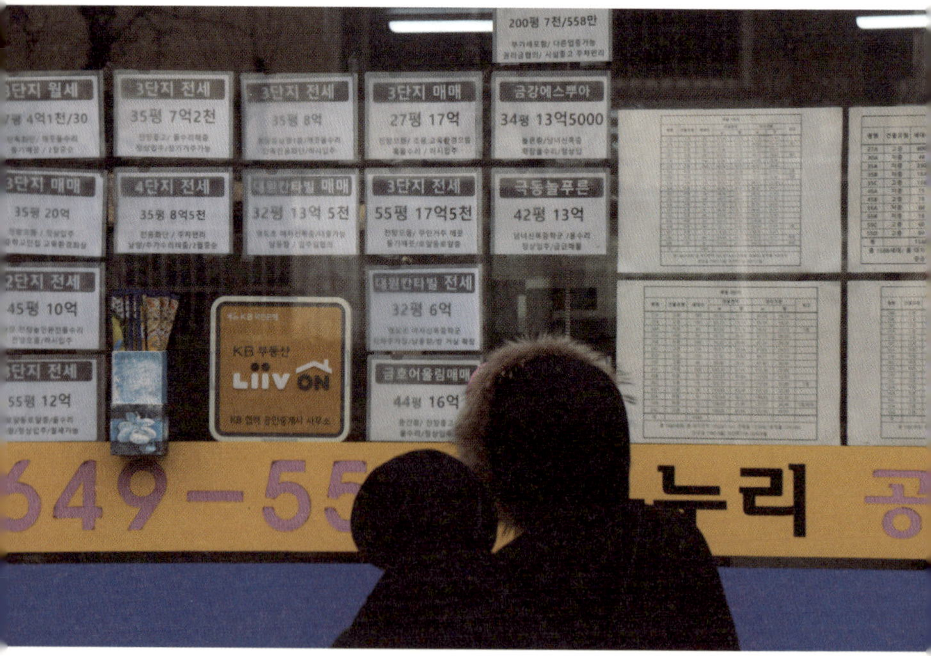
200평 7천/558만
3단지 전세
35평 7억2천
3단지 전세
35평 8억
3단지 매매
27평 17억
금강에스쁘아
34평 13억5000
3단지 매매
35평 20억
4단지 전세
35평 8억5천
32평 13억 5천
3단지 전세
55평 17억5천
극동늘푸른
42평 13억
2단지 전세
45평 10억
32평 6억
3단지 전세
55평 12억
KB 부동산
Liiv ON
44평 16억
누리

실물 자산

계층의 사람들은 당장 먹고사는 일이 어려워집니다.

그래서 한국은행은 인플레이션을 완화하려 할 때 기준 금리 (돈을 빌려줄 때 받는 이자의 기준)를 높여 통화량을 줄여요. 이자가 높아지면 갚아야 하는 돈의 액수가 늘고 부담이 커져 사람들의 대출이 감소하고, 자연스레 통화량이 줄어 물가 상승이 억제되기 때문입니다. 정부도 물가 관리에 각별히 신경 씁니다. 인플레이션으로 인한 피해의 책임은 경제 정책을 잘못 운영한 정부에 있으니까요. 정부가 냉면값을 낮추거나 '냉면값 2만 원' 보도에 예민하게 대응하며 반박 입장문까지 발표한 데에는 그런 배경이 있습니다.

치킨

실업이 준 희망의 먹거리

외국인이 제일 좋아하는 한국 음식은 무엇일까요? 2024년 뉴욕, 런던, 파리, 베이징, 도쿄 등 해외 18개 주요 도시의 시민들을 대상으로 진행하는 설문 조사에서 가장 좋아하는 한식 메뉴로 꼽힌 먹거리는 '한국식 치킨'이었습니다. 전체 응답자 중 13.8%가 한국식 치킨을 선택했고, 그 뒤를 김치(9.7%), 비빔밥(8.5%), 불고기(6%) 등이 이었어요. 김치, 비빔밥, 불고기는 우리나라 전통 음식인 반면, 한국식 치킨은 미국에서 건너와 한국인 취향에 맞게 변한 메뉴라는 점에서 흥미로운 결과가 아닐 수 없는데요. 2020년 이 조사를 시작한 이래, 한국식 치킨은 매년 가장 좋아하는 한식 1위 자리를 놓친 적이 없을 만큼 세계인의 입맛을 확실히 사로잡았습니다. 'K-치킨'이라는 말이 괜히 나오는 게 아니죠. 그런데 K-치킨 열풍이 한국 경제의 쓰라린 역사에서 비롯되었다는 사실, 알고 있나요?

*

'K-치킨'엔 쓰라린 역사가 있다

타임머신을 타고 1997년 11월 21일로 돌아가 보겠습니다. 찌푸린 하늘에서 늦가을 궂은비가 스산하게 내리던 그날 오후 9시. TV를 켜자, 〈KBS 뉴스 9〉에선 다음과 같은 앵커의 멘트가 흘러나왔어요.

오늘 첫 소식입니다. 정부가 긴박한 외환 위기를 수습하기 위해서 IMF, 즉 국제통화기금에 긴급 자금 지원을 요청하기로 결정했습니다. 김영삼 대통령은 내일 경제난국 극복 관련 대국민 담화를 통해서 이 결정을 발표할 예정입니다.

흔히 'IMF 사태'나 '1997년 외환 위기'라고 불리는, 한국 경제사에서 가장 고통스러운 국가 부도 사태를 알리는 순간이었습니다. 사실 한국 경제가 병들었다는 신호는 이미 한참 전부터 꾸준히 나타났어요. 우선 한국의 화폐인 원화의 가치가 맥없이 추락

하고 있었고요. 잘나가던 대기업들이 잇달아 부도를 냈습니다. 부도不渡는 '건너지 못한다'는 뜻입니다. 어음(돈을 빌리면서 일정한 날짜에 갚겠다고 약속하는 문서)이나 수표를 가진 사람에게 돈 갚을 날이 되어도 어음 또는 수표에 적힌 돈이 건너가지 못한 게 부도입니다. 다시 말해 빚을 제때 못 갚아 망했다는 얘기입니다.

한국의 경제는 공업화와 수출로 발전해 왔습니다. 그러려면 공장과 건물을 세우고 항구와 도로를 마련하고 노동자를 고용해야 했으니 돈 들어갈 곳이 한두 군데가 아니었죠. 가난한 나라인 한국에는 그만한 돈이 없어서 외국에 빚을 내어(차관) 자금을 마련했어요. 경제가 성장해 다른 나라에 진 빚을 잘 갚을 수 있을 때에는 이게 별다른 문제를 일으키지 않았습니다. 하지만 한국의 재벌들이 지나친 욕심을 부리며 새로운 사업 분야에 무리하게 투자하고 대기업의 몸집을 무분별하게 키우면서 상황이 달라집니다.

문어발 경영과 부패한 정치

문어는 다리가 여덟 개나 되죠. 기업이 원래 잘 운영하던 기존 사업과 전혀 관련 없는 분야에 뛰어들어 여러 사업을 벌이는 것을 '문어발 경영'이라고 합니다. 이런저런 업종에 마구 발을 뻗는 상황을 문어 다리에 비유한 표현입니다. 가령 옷이나 식품을 만들던 회사가 갑자기 엉뚱하게 가전제품이나 자동차를 생산하겠다, 호텔이나 백화점을 운영하겠다고 나서는 식입니다. 철저하게 잘 설계해 도전한다면 사업을 넓힐 기회가 되지만, 그렇지 않은 경우엔 투자한 돈을 날릴 뿐만 아니라 기업이 망할 수도 있어요.

한국 대기업들은 문어발 경영에 유난히 많이 뛰어들었습니다. 기업 운영에 대한 지식과 경험이 풍부한 전문 경영인이 아니라, 창업주인 아버지나 할아버지에게 회사를 물려받은 재벌 2세, 3세가 즉흥적으로 사업을 벌이곤 했어요. 은행이나 증권회사 같은 금융회사에서도 무턱대고 큰돈을 사업 자금으로 빌려줬죠. 정치인, 고위직 공무원 등 권력을 가진 사람들이 금융회사에 돈을 빌

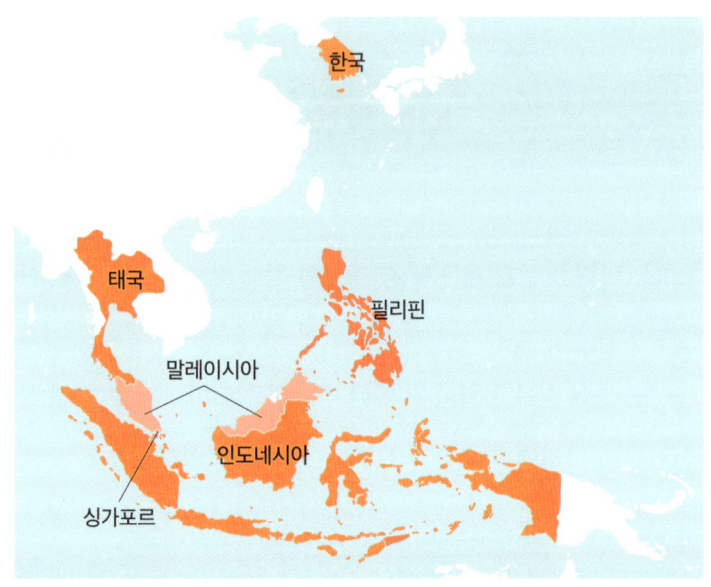

아시아 금융 위기

려주라고 압력을 넣었기 때문입니다. 물론 그들은 재벌들에게 어마어마한 뇌물을 받았고요. 이것이 정경유착政經癒着입니다. 정치계가 경제계에서 뇌물이나 편의를 제공받고 권력을 악용해 여러 특혜를 주며 밀접한 관계를 맺는 겁니다.

정경유착으로 금융회사에서 엄청난 돈을 빌린 대기업들은 과감히 문어발 경영에 나섰습니다. 하지만 돈 들인 만큼의 성과는

내지 못했어요. 적자만 쌓이는 부실한 사업이 늘어 빚을 갚지 못하는 일이 잦았습니다. 당연하죠. 잘 알지도 못하는 큰 사업들을 준비도 없이 무작정 벌였으니까요. 한국에 자금을 빌려준 외국 투자자들은 이런 상황에 불안해하며 돈을 거둬들였습니다. 한국 기업과 경제 상황을 믿을 수 없으니 더 이상 돈을 투자하거나 빌려주려 하지도 않았죠. 게다가 그즈음 태국 등 아시아의 다른 나라에서도 비슷한 상황이 벌어지는 바람에 선진국의 빚 독촉과 투자금 빼 가기가 더욱 거세졌습니다. 결국 대기업들은 줄줄이 부도를 내기 시작합니다. 이런 부실기업에 빌려준 큰돈을 돌려받지 못한 한국의 금융회사들 역시 해외 투자자들에게 돈을 갚지 못한 채 파산합니다.

빚더미에 추락한 한강의 기적

한국에선 100원, 1000원처럼 원으로 표기된 화폐를 사용합니다. 그러나 해외에 나가서 어떤 재화나 서비스를 구입하려면 원화를 미국 달러화($), 일본 엔화(¥), 유럽 유로화(€) 등 그곳에서 쓰는 돈으로 바꿔서 값을 지불해야 해요. 이처럼 외국에서 사용하는 화폐, 혹은 국제 거래에서 화폐의 역할을 하는 모든 종류의 결제 수단을 외환이라고 부릅니다.

외환은 경제에서 중요한 역할을 합니다. 독특한 맛의 K-치킨이 세계 곳곳에서 사랑받자 여러 나라에서 한국산 냉동 치킨을 수입하고 있는데요. 한국의 기업들은 냉동 치킨을 각국에 수출해 외환을 벌어들이며 이익을 냅니다. 냉동 치킨을 만들 때 필요한 밀가루, 팜유 등 각종 재료를 외국에서 수입할 때는 외환으로 그 값을 치르고요.

한국처럼 무역이 경제에서 차지하는 비중이 높고 외국에 빚이 많은 나라에선 평소 외환을 넉넉하게 갖고 있어야 했어요. 외국에서 투자금을 빼 가거나 빚을 갚으라고 요구해서 외환 수요가 늘어나고 원화 가치가 떨어지는 상황을 막기 위해서 말이죠. 금고에 돈을 보관하듯 정부와 중앙은행(한국은행)이 비상시를 대비해 가지고 있는 외환 등을 외환 보유고라고 하는데, 1997년 한국의 외환 보유고는 바닥이 나고야 말았습니다. 한국 대기업들이 부도를 내면서 이들에게 자금을 투자하거나 빌려준 외국 투자자

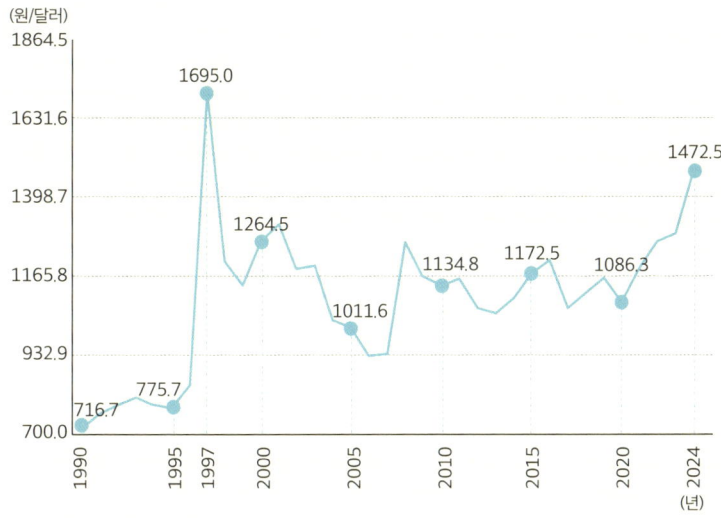

(원/달러)

1990~2024년 원/달러 환율 변화

1997년 외환 위기 당시 1달러는 한때 1995원까지 치솟았고, 외환 시장에서 이뤄진 평균 거래 가격은 1695원이었다. ©기획재정부

들이 한꺼번에 외환을 찾아갔기 때문입니다.

　이 사태를 외환 위기라고 불러요. 미국의 1달러는 원래 한국의 800원과 비슷한 가치였는데, 졸지에 2000원 가까이 오르며 환율 換率(한 나라의 돈과 다른 나라 돈의 교환 비율)이 치솟았습니다. 다시 말해 800원짜리 미국 상품을 두 배도 넘는 2000원을 줘야 살 수 있게 된 셈이니, 한국 돈의 가치가 순식간에 절반도 안 되게 폭락한 겁니다. 한국 경제의 추락이었죠.

여러 나라가 재화나 서비스를 서로 사고팔 때 각 나라의 화폐가치가 안정적으로 유지되어야 믿고 거래를 할 수 있습니다. 어느 한 나라의 돈 가치가 급격히 치솟거나 떨어지면 세계 무역 질서가 혼란스러워져요. 이런 상황을 막기 위해 각국의 환율을 안정적으로 관리하는 국제기구가 국제통화기금입니다. 영어로는 'International Monetary Fund', 줄여서 IMF라 불러요.

한국 정부는 외환 위기가 발생하자 IMF에 구제 금융을 요청합니다. 구제는 '위험에 처한 사람을 도와준다'는 뜻이죠. 부도를 낸 상대를 돕기 위해 빌려주는 돈이 구제 금융입니다.

치킨, 일터 잃은 사람들을 일으키다

IMF는 외환을 빌려주고 한국을 '구제'하기로 결정했습니다. 당연히 이 돈은 공짜가 아니었어요. 나중에 경제 상황이 나아지면 전부 갚아야 하는 건 물론, 기존의 한국 경제 체제를 효율적으로 바꾸고 외국 자본에 개방해야 돈을 빌려주겠다며 조건을 달았죠. 이에 외국 투자자와 기업들이 어려움에 처한 한국의 기업과 각종 자산을 헐값에 마구 사들입니다.

아울러 한국 기업들은 사업에 들어가는 각종 비용을 최대한 줄여야 했는데요. 이 비용에는 인건비, 즉 직원에게 주는 월급도 포함되어 있었습니다. 그래서 수많은 노동자가 열심히 일해 온 직장에서 하루아침에 해고를 당하고 실업자가 되었어요. 대기업들의 부도로 한국의 실업률은 외환 위기가 터지기 전부터 높았지만 1998년엔 7%에 이릅니다. 특히 청년 실업률은 무려 12.2%를 기록했어요.

일을 하고 싶고 일할 능력을 갖췄는데도 일자리를 얻지 못한 사람을 실업자라고 합니다. 실업에는 경기적 실업, 구조적 실업, 계절적 실업, 마찰적 실업 등이 있는데요. 경기적 실업에서 경기 景氣란 '햇살이 비치는 기운'이라는 뜻입니다. 이 말이 경제학에선 경제의 상황을 가리키는 말로 사용돼요. '경기가 좋다(경기 호황)', '경기가 나쁘다(경기 불황)'와 같이 쓰이죠. 그래서 경기적 실업은 경제 상황이 나빠져 기업이 새로 직원을 뽑지 않거나 기존에 일하던 직원을 내보내 많은 사람이 일자리를 잃은 상태를 의미합니다. 외환 위기 이후 심각해진 실업도 경기적 실업이었어요.

먹고살기 위해선 돈이 필요하죠. 일자리를 얻지 못한 청년층과 직장에서 쫓겨난 중장년층은 돈을 벌지 못하니 당장 생계가 막막했습니다. 많은 이들이 음식점을 차리며 자영업자가 되었고, 치킨 장사를 하겠다고 나서는 사람도 꽤 있었어요. 통계를 보면 외환 위기 이후 몇 년 동안 새로 문을 연 치킨집은 그 이전에 비해 두 배 넘게 늘며 큰 증가세를 보였습니다. 치킨은 닭을 양념해 기름에 튀기면 되니까 요리 솜씨가 뛰어나지 않아도 비교적 쉽게 만들 수 있었어요. 배달이나 포장 위주라서 가게가 클 필요도 없으니 실업자들이 받은 퇴직금으로 적은 자본을 들여 장사하기 좋았습니다. 경기 불황으로 주머니 사정이 나빠져 소고기나 돼지고기보다 가격이 저렴한 대체재인 닭고기를 먹으려는 수요가 늘어난 것 또한 배경이었죠. 동네마다 치킨집이 여러 군데 생겨 경쟁이 치열해지자 새로운 메뉴가 꾸준히 개발되었어요. 경쟁에서 성공한 가게들은 분점을 내며 치킨 프랜차이즈 업체로 성장했고요. 이게 K-치킨 열풍을 일으키는 원동력이 됩니다.

짙게 드리운 양극화의 그늘

세계인이 즐기는 음식이 된 K-치킨의 인기는 앞으로도 이어질 수 있을까요? 2024년 8월 정부 발표에 따르면, 한국의 치킨 가게와 브랜드는 2021년 이후 줄었다고 합니다. 치킨 가게들이 버는 돈도 적어졌고요. 치킨집이 너무 늘어나는 바람에 경쟁이 극심해졌고, 그로 인해 망하거나 수익이 감소했기 때문입니다. 치킨 프랜차이즈 가맹점의 수는 오히려 많아졌다고 해요. 유명한 브랜드만 살아남고 개인이 운영하는 가게나 작은 규모의 프랜차이즈 업체는 경쟁에서 밀려 양극화兩極化가 심해지고 있는 겁니다.

양극화는 '서로 다른 두 방향에 이르게 된다'는 말인데요. 경제학에선 사회 구성원들의 소득이나 자산 격차가 커지는 것을 의미합니다. 다시 말해 부자는 점점 부자가 되고, 가난한 사람은 점점 가난해지는 현상이에요. 양극화로 경제적 불평등이 심해질수록 부유층과 빈곤층 사이의 갈등과 시기, 미움이 커집니다. 사회가 하나로 통합되지 못하고 불안해지는 원인이 되죠. 한국은 1997

년 외환 위기로 양극화가 심해졌습니다. 기업이 노동자를 대량 해고하면서 실업자가 된 사람들 중 상당수가 중산층에서 빈곤층으로 밀려났어요. 노동의 형태도 정규직(은퇴하는 정년까지 고용이 보장된 것)과 비정규직(일정 기간 동안만 일하는 것)으로 갈라지면서 둘 사이의 소득 양극화가 커졌습니다.

적당한 경쟁은 성장과 발전의 원동력이 되죠. 치킨집들이 경쟁하며 계속 새롭고 맛있는 메뉴를 선보인 것처럼요. 그러나 선을 넘은 지나친 경쟁은 몰락을 가져오게 마련이에요. 치킨은 직장을 잃은 사람들이 다시 돈을 벌 수 있다는 희망을 품게 한 먹거리였습니다. 실제로 많은 이가 그 꿈을 이뤘고요. 그런데 이제 치킨 시장에서도 양극화가 진행된다니, K-치킨의 미래가 사뭇 걱정스럽습니다.

빵플레이션을 부추기는 '그것'의 정체

프랑스 파리를 여행할 때의 일입니다. 아침에 일찍 일어났는데 그날따라 유난히 배가 고팠어요. 하지만 호텔 조식은 너무 비싸서 사 먹기 부담스러웠죠. 적당한 가격으로 끼니 때울 곳을 검색하니 호텔 주변에는 문을 연 식당이 아직 한 군데도 없었습니다. 다행히 그 이른 시간에 장사를 시작한 동네 빵집은 있더라고요. 반가워서 한걸음에 찾아갔습니다. 해도 뜨지 않아 어둑하고 인적 드문 조용한 골목에 자리한 작은 빵집이 예뻐서 놀랐고, 진열대에 놓인 빵 종류가 워낙 많아서 다시 놀랐어요. 어쩌면 하나같이 그토록 맛깔스럽게 보이는지…. 저는 프랑스어를 할 줄 모르고 빵집 주인은 영어를 전혀 못해서 서로 손짓과 눈치를 동원해 구수한 바게트며 달콤한 에클레르며 빵 몇 가지를 사는 데 성공! 잔뜩 기대하면서 호텔로 돌아와 빵을 먹어 보니 감동할 만큼 맛있어서 또 한 번 놀랐습니다. 뜻밖에 빵 맛집을 찾은 것이죠. 무엇보다 놀라운 건 가격이었어요. 그토록 훌륭한 빵의 가격이 한국에 비하면 훨씬 저렴했던 겁니다.

아시아에서 가장 비싼 한국 빵

프랑스에서 싸고 맛있는 빵을 파는 가게는 그곳만이 아니었습니다. 빵 맛집으로 유명한 데를 찾아다니며 가격을 한국과 비교해봐도 저렴한 경우가 많았거든요. 실제로 한국의 빵값은 다른 나라에 비해 유독 비싼 편입니다. 세계 국가 비교 통계 사이트를 보면, 2025년 한국의 식빵 한 덩이(500g) 평균 가격은 3.09달러로 세계 8위였습니다. 1위 아이슬란드(4.23달러), 2위 스위스(3.82달러), 3위 미국(3.65달러), 4위 덴마크(3.56달러), 5위 노르웨이(3.42달러), 6위 룩셈부르크(3.28달러), 7위 코스타리카(3.19달러) 다음으로 높았어요. 한국의 빵값이 아시아에선 가장 비싼 겁니다.

빵값 상위권을 차지한 나라들은 대부분 한국보다 1인당 '국민총소득(Gross National Income, GNI)'이 훨씬 높습니다. 그래서 소득에 비하면 빵값이 그렇게 비싼 편도 아니었어요. 1인당 국민총소득은 한 나라의 국민이 일정한 기간에 벌어들인 소득을 그 나라 국민의 인구수로 나눈 것입니다. 국민들이 돈을 얼마나 벌

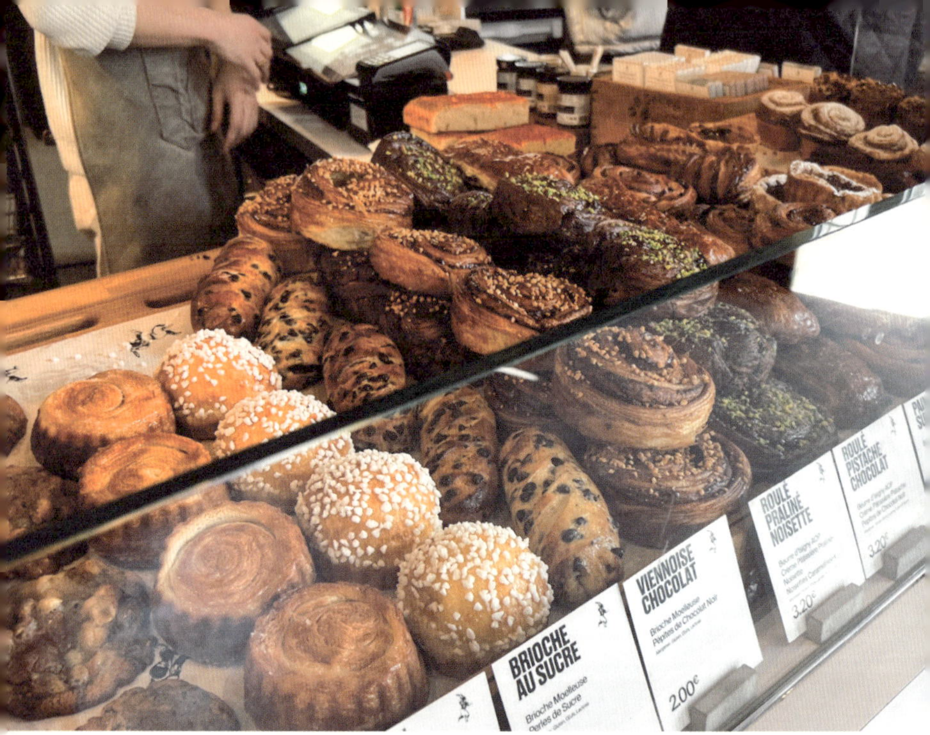
BRIOCHE AU SUCRE
Brioche Moelleuse
Perles de Sucre
VIENNOISE CHOCOLAT
Brioche Moelleuse
Pépites de Chocolat Noir
2.00€
ROULÉ PRALINÉ NOISETTE
3.20€
ROULÉ PISTACHE CHOCOLAT
3.20€

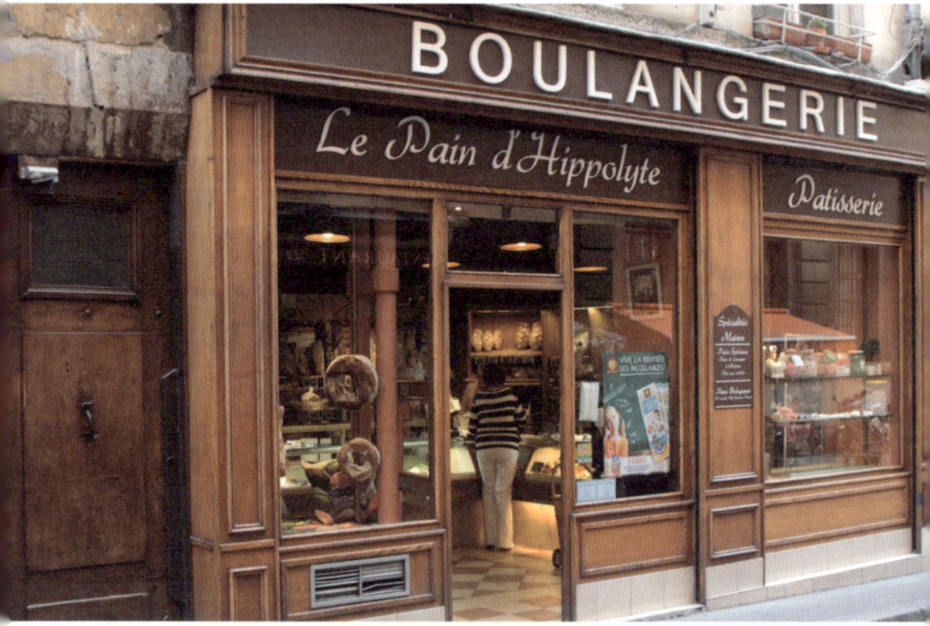
BOULANGERIE
Le Pain d'Hippolyte
Patisserie

프랑스의 빵집

고 있는지, 평균적인 생활 수준이 어느 정도인지 보여 주는 지표가 되죠.

통계청에 따르면 2023년 한국의 1인당 국민 총소득은 3만 5490달러였어요. 아이슬란드(8만 760달러), 스위스(9만 5750달러), 미국(8만 710달러) 등의 소득 수준을 감안하면 한국 빵값이 한국인이 버는 돈에 비해 얼마나 비싼지 실감할 수 있습니다. 참고로 프랑스의 식빵 가격은 겨우 2.07달러에 불과해 세계 32위였습니다. 프랑스의 1인당 국민 총소득은 4만 5440달러로 한국보다 오히려 1만 달러 가까이 높아요.

소금빵 가격 너머를 보면

최근 몇 년 사이 한국인의 소득 수준에 비해 빵값이 유난히 치솟자, '빵플레이션'이라는 새로운 말까지 등장했어요. '빵'과 '인플레이션'을 합친 말입니다. 빵플레이션을 이야기할 때 자주 언급되는 게 소금빵인데요. 버터를 듬뿍 넣어 만든 촉촉하고 고소한

빵 위에 왕소금을 얹어 짭조름한 맛이 매력적인 먹거리입니다. 소금빵은 일본 야와타하마八幡浜시의 '팡 메종パンメゾン'이란 빵집에서 개발해 유행한 뒤 한국으로 넘어와 젊은 세대에게 큰 인기를 끌고 있어요. 원조 가게의 소금빵 가격은 2025년 기준으로 한 개당 120엔입니다. 팡 메종이 도쿄에 낸 세 곳의 지점도 같은 가격으로 판매해요. 한국 돈으로는 약 1100원 정도죠.

한국의 소금빵은 유명한 빵집에서 보통 3000원대에 팔고 있습니다. 일본 소금빵에 비해 빵이 크지도, 재료가 특별하지도 않은데 무려 세 배 혹은 그 이상으로 비싼 겁니다. 소금빵만 그런 게 아니에요. 2025년에는 서울의 한 호텔 베이커리에서 50만 원짜리 케이크를 선보여 화제를 모았습니다. 그 케이크는 1년 전만 해도 40만 원이었어요. 그새 10만 원이나 껑충 오른 겁니다. 일반 빵집의 케이크 역시 큰 폭으로 가격이 올랐습니다. 빵플레이션에 이어 케이크플레이션이란 말까지 나오기 시작했죠.

한국의 빵값이 비싼 이유는 도대체 무엇일까요? 우선 빵의 재료 대부분이 국제 거래로 외국에서 수입되는 점을 들 수 있습니다. 국제 거래란 나라와 나라가 서로 재화와 서비스(생산물), 자본과 노동(생산 요소) 등을 사고파는 것을 의미해요. 처음에 농부와 어부가 각자 남아도는 쌀과 생선을 맞바꿔 더 풍족한 밥상을 차리게 되었다는 얘기를 했죠. 그게 시장이 형성된 배경이었는데요. 국제 거래 또한 그 범위가 커졌을 뿐 목적은 마찬가지입니다. 이 나라에서만 생산할 수 있거나 생산하기 쉬운 상품을 수출하고, 저 나라에서만 생산할 수 있거나 생산하기 쉬운 상품을 수입해서 더 풍족한 생활을 누리려는 행위죠. 한국도 다른 나라에서 다양한 상품을 들여오는데, 빵의 주재료인 밀은 전부 수입한다고 해도 과언이 아닙니다. 한국에서 유통되는 밀 가운데 한국산은 겨우 1.1%(2023년 기준)에 불과하거든요.

부서진 '유럽의 빵 바구니'와 밀가루 대란

1961년만 해도 한국의 밀 자급률(필요한 물자를 자체 공급하는 비율)은 39.8%로 꽤 높은 편이었어요. 하지만 비율이 그 정도였을 뿐 생산량은 아주 부족했죠. 일제 강점기와 한국전쟁으로 식량난이 심각했던 한국은 미국에서 대가 없이 밀가루를 받았어요. 미국에선 밀의 공급량이 수요량을 한참 넘는 초과 공급으로 가격이 너무 떨어진 게 오히려 문제였거든요. 미국 정부는 자기 나라의 시장에서 팔리지 않고 남아 있는 밀가루를 한국에 원조 물자로 보내 미국 농민들의 손실을 막았습니다.

쌀을 주식으로 먹는 한국인은 원래 분식粉食, 즉 밀가루 음식을 별로 좋아하지 않았어요. 하지만 정부가 쌀 부족을 해결하려고 분식을 장려하자 밀가루 수요가 증가합니다. 밀가루로 만든 라면이며 빵은 한국인 입맛에 점차 스며들었죠. 쌀떡 대신 밀로 만든 떡볶이도 등장했고요. 한편 공짜로 받은 미국산 밀가루가 헐값으로 시장에 유통되자 한국 농부들은 밀 농사를 점점 짓지 않게 됩니다. 열심히 밀을 수확해 봤자 제값에 팔 수 없었기 때문입니다. 1990년 한국의 밀 자급률은 0.05%까지 떨어졌어요. 경제 성장을 이룬 뒤엔 돈을 주고 외국의 밀가루를 수입하게 됩니다. 현재 한국에서 빵을 만드는 밀가루는 대부분 호주, 미국, 캐나다에서 들어온 거예요. 이들 세 나라는 모두 드넓은 평야가 있고 토양이 비옥해 농업이 발달했죠. 따라서 한국보다 훨씬 수월하게 밀을 대량으로 생산해 더 저렴한 값으로 팔 수 있습니다.

그런데 2022년 러시아가 우크라이나를 침공하자 밀가루 가격

우크라이나는 '유럽의 빵 바구니'라고 불릴 만큼 세계적인 밀 생산, 수출국이야.

하지만 2022년 러시아의 침공 때문에…

국제 밀 수요량은 동일한데

국수 주문량 얼마지?

사료에 밀가루 넣었어?

전쟁 때문에 밀 농사를 지을 수 없어요.

공급량은 줄어들었지.

밀 가격이 오르니

밀가루

밀로 만드는 빵도 비싸져

'빵플레이션'이 일어난 거야.

러시아 침공 전 우크라이나의 밀밭

비옥한 농경지 중 한 곳인 우크라이나 헤르손 지역의 지뢰 제거 작업

이 치솟아요. 우크라이나는 '유럽의 빵 바구니'라고 불릴 만큼 세계적인 밀 생산국이자 수출국입니다. 우크라이나 국기에 들어간 노란색은 황금빛 밀밭을 상징해요. 러시아와 전쟁을 하기 전만 해도 우크라이나의 밀 생산량은 세계 7~8위, 수출량은 세계 5위 수준이었습니다. 하지만 전쟁에 휘말려 밀 농사와 수출을 제대로 할 수 없게 되죠. 국제 거래에서 밀의 수요량은 큰 변화가 없는데 이렇게 공급량이 줄어드니 전 세계적으로 밀 가격이 엄청나게 비싸집니다. 한국은 우크라이나에서 밀가루를 거의 수입하지 않지만, 우크라이나산 밀가루를 수입하던 다른 나라들이 미국산, 캐나다산, 호주산을 대신 수입해 수요가 늘자 가격이 올라 빵플레이션을 겪은 겁니다.

설탕과 버터의 운명도 환율에 달려 있다?

환율도 빵플레이션을 일으킨 또 다른 원인입니다. '바꾸는 비율'이란 뜻을 가진 말인데요. 외국에 여행 가서 식사를 하거나 물건을 살 땐 한국에서 쓰던 원화를 달러화, 유로화, 엔화, 위안화 등 그 나라나 지역에서 사용하는 돈으로 바꿔서 지불해야 합니다. 이처럼 한 나라의 돈을 다른 나라의 돈과 맞바꾸는 것이 환전이고, 얼마를 얼마로 바꿀지 정하는 비율은 환율이에요. 예를 들어 한국의 1000원이 미국의 1달러와 같은 가치를 갖는다고 인정할 경우, 환율은 '1:1000'입니다. 1달러당 1000원이 되는 것이죠.

환율을 정하는 방식은 크게 고정 환율제와 변동 환율제로 나뉩니다. 고정 환율제는 나라에서 환율을 일정하게 유지하거나 거의 바뀌지 않도록 관리하는 것이고, 변동 환율제는 외환 시장의 수요와 공급에 따라 자유롭게 바뀌도록 운영하는 겁니다. 한국은 과거에 고정 환율제를 택했지만 지금은 변동 환율제 국가예요. 가령 한국의 수입이나 해외여행, 해외 투자가 늘어 국외로 나가는 달러화가 늘어나면 달러를 찾는 수요가 늘어나니까 환율이 올라가요. 원래 1달러를 살 때 1000원만 주면 되었는데, 환율이 200원 올랐다면 1200원을 줘야 하죠. 말하자면 원화의 가치가 내려가고 달러화의 가치는 올라가는 셈입니다. 반대로 한국의 수출이 늘거나 외국인의 투자가 많아져 국내로 들어오는 달러화가 많아지면 달러의 공급이 늘어서 환율은 내려가요. 원화의 가치가

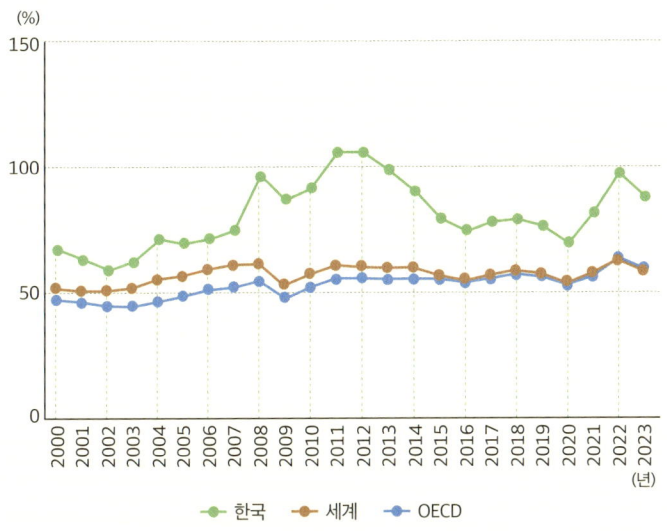

(%)

2000~2023년 한국의 무역 의존도

한국의 무역 의존도는 세계의 다른 국가들에 비해 높은 편이며, 무역 규모 1조
달러를 유지한 2012년에 가장 큰 차이를 보였다. ⓒ한국데이터거래소

올라가고 달러화의 가치가 내려가는 겁니다.

　환율이 오르고 내리는 것은 경제에 큰 영향을 줍니다. 특히 한
국처럼 무역 의존도가 높아 다른 나라들과 재화나 서비스를 많이
사고파는 나라엔 그 여파가 더욱 심해요. 환율이 오를수록, 즉 달

러화와 같은 외국 돈의 가치가 오르고 원화의 가치가 떨어질수록 수입품의 가격이 오릅니다. 밀가루처럼 자급률이 1%대라 수입에 의존하는 먹거리는 환율이 오를수록 비싸질 수밖에 없어요. 그런데 1000원~1200원대를 유지하던 원/달러 환율이 2022년 1300원을 넘더니 2024년엔 1400원대로 훌쩍 올랐습니다. 환율이 높아져 한국에 수입되는 밀가루 가격이 계속 오르니까 빵집에선 더 비싼 돈을 주고 밀가루를 사야 했어요. 설탕, 버터 등 빵 만들 때 넣는 다른 재료들도 대부분 수입품이라서 환율 상승에 따라 점점 비싸졌습니다. 재료비가 오른 만큼 빵값도 자꾸 올려야 이윤을 남길 수 있으니 결국 빵플레이션이 발생하고 말았죠.

너무 높지도, 너무 낮지도 않게

환율 때문에 비싸지는 먹거리는 빵뿐만이 아닙니다. 2025년 한국의 먹거리 물가는 OECD(경제협력개발기구)에 속한 38개 나라 중에서 두 번째로 비싼 것으로 나타났어요. 식료품 물가가 한국보다 더 비싼 1위 국가는 스위스였습니다. 스위스의 1인당 국민 총소득이 한국보다 약 2.7배나 높았다는 사실을 고려하면, 한국 은 그야말로 먹고 살기 너무 힘든 나라인 겁니다.

2020년 이후 5년 동안 김밥, 햄버거, 떡볶이, 라면처럼 우리가 자주 먹는 외식 메뉴의 가격 상승률은 30% 이상이었습니다. 전 체 소비자 물가 상승률(16%)을 한참 웃돌았어요. 그 주요 원인으 로 꼽히는 게 바로 환율 상승입니다. 소득은 천천히 오르는데 환 율이 높아져 먹거리 물가만 급속히 치솟으면 생활비가 빠듯한 서 민들의 생활에 큰 타격을 주죠. 식비에 많은 돈을 쓰게 되어 다른 지출을 극도로 줄이게 되고, 이런 상황은 소비를 위축시켜 경기 침체로 이어집니다.

이렇게 보면 환율이 오르는 건 나쁜 영향만 끼친다고 생각하 기 쉬운데, 그렇지는 않습니다. 자원이 부족하지만 아직 인구가 많고 교육열이 높은 한국은 노동력과 기술을 활용해 공장에서 생산한 물건, 즉 공산품 수출이 경제에서 큰 비중을 차지합니다. 반도체, 자동차, 석유 화학 제품 등을 주로 수출하죠. 환율이 올 라 원화의 가치가 떨어지면 외국으로 수출하는 이런 상품의 가 격이 내려갑니다. 예를 들어 1달러당 1000원에서 1200원으로 상승하면 1000원짜리 상품의 수출 가격은 1달러에서 약 0.83달러로 저렴해져요. 가격이 내려가면 수요가 늘어 한국산 상품이 잘 팔리게 되죠. 아울러 한국을 찾는 외국인 관광객이 증가하고 그들이 한국에서 쓰는 돈의 액수도 늘어나요. 여행비 부담이 적어지니까요.

따라서 환율은 너무 높지도, 너무 낮지도 않게 적정한 수준을 유지하는 것이 중요합니다. 무엇보다 환율이 급변하는 상황은 경제에 엄청난 타격을 주기 때문에 주의해야 해요. 한국은 1997년 외환 위기로 이미 경험한 바 있죠.

'노쨈 도시'를 일으킨
빵의 성지,
성심당

대전에는 '노쨈 도시'라는 별명이 있어요. 재미없는 도시란 뜻
이죠. 챗GPT에 '대전은 왜 노쨈 도시야?' 하고 물었더니 역사
적·문화적 중심지의 부재, 지나치게 계획적인 도시 구조, 청
년 문화의 부족 등을 이유로 들었어요. 하지만 알고 보면 대전
에도 재미있는 곳이 많다며 몇몇 명소들을 추천했는데요. 챗
GPT가 가장 첫 번째로 선택한 장소는 성심당입니다. 성심당
은 1956년 대전역 앞에서 노점상으로 찐빵 장사를 시작해 지
금까지 이어져 오고 있는 오래된 빵집이에요. 빵집이 대전의
명소라고? 많고 많은 게 빵집 아닌가? 이런 의문을 품을 수 있
는데, 성심당은 그냥 흔한 빵집이 아닙니다.

성심당의 명물인 '튀김소보로'는 전국의 빵순이와 빵돌이들 사이에서 이미 명성이 자자합니다. 바삭하게 튀긴 소보로 속을 가득 채운 달콤한 팥앙금이 독특한 식감과 풍미를 자아내죠. 저도 지금처럼 줄을 서서 사 먹는 빵집으로 유명해지기 전에는 대전을 찾을 때마다 여러 번 맛본 적이 있답니다. 방금 나온 따끈한 튀김소보로는 그곳에서만 경험할 수 있는 별미였어요. '딸기시루'나 '망고시루' 같은 생과일케이크도 인기인데요. 이 케이크를 사려고 각지에서 사람들이 몰려드는 바람에 어마어마한 줄이 늘어서 몇 시간씩 기다린다는 소식이 뉴스에 나올 정도로 큰 화제를 모았습니다.

남다른 인기를 반영하듯 한국기업평판연구소가 매달 발표하는 '제과제빵 전문점 브랜드 평판'에서 성심당은 줄곧 1위를 차지하고 있습니다. 어디서나 볼 수 있는 유명 프랜차이즈 브랜드들을 큰 점수 차이로 제치고 말이죠. 대전관광공사 조사에 따르면 성심당은 대전을 방문한 관광객이 가장 많이 찾은 지역 명소 1위에 꼽히기도 했어요. 대전을 '성심당의 도시'라고 부를 만큼, 이 빵집이 대전의 관광 산업과 지역 경제에 끼치는 영향은 굉장합니다.

대전 성심당

성심당에 열광하는 팬들이 이처럼 많은 데에는 또 다른 이유가 있습니다. 앞서 살펴본 것처럼 한국은 빵플레이션이 심각한 나라인데요. 성심당은 유명세에 비하면 비교적 낮은 가격으로 맛있는 빵들을 팝니다. 2025년 기준으로 대표 상품인 튀김소보로는 하나에 1700원이며 여러 개를 세트로 사면 개당 가격이 좀 더 낮아져요. 과일을 아낌없이 잔뜩 넣어 만든 딸기시루나 망고시루도 4만 3000원입니다. 세계적으로 비싼 한국의 과일과 케이크 가격을 고려하면 저렴한 편이라서 '갓성비(신이 내린 가성비) 케이크'로 불립니다.

더구나 성심당은 대전에만 지점을 내고 있어요. 다른 지역 사람들이 갓 구운 성심당 빵을 맛보려면 대전까지 가야만 합니다. 서울, 부산 등 인구가 많은 곳에 지점을 내면 돈을 더 벌 수 있을 테지만 대전의 경제 활성화에 이바지하기 위해 대전에서만 장사한다는 고집을 지키고 있습니다. 덕분에 빵순이와 빵돌이들이 쓴 돈은 대전의 지역 경제에 도움을 주며, 성심당에서 일하거나 일하려는 지역 주민에게 더 많은 급여와 일자리를 선사하고 있죠.

장사를 하거나 기업을 설립하는 목적은 이윤을 얻는 데 있습니다. 재화나 서비스를 소비자에게 팔아 번 돈에서 재료비, 인건비, 임대료 등으로 쓴 것(총비용)을 제외하고 남은 돈이죠. 이윤을 많이 남기려면, 쓰는 돈은 최소치로 줄이고 버는 돈은 최대치로 늘려야 합니다. 그런데 성심당은 인기에 비하면 이윤을 덜 남기며 경영하는 기업으로 알려져 있어요. 만든 당일에 팔고 남은 빵들은 전부 어려운 이웃에게 나눠 주고, 친환경 포장재를 사용하며 일회용품을 덜 쓴다고 합니다. 직원들이 편하게 일할 수 있는 복지 문화 역시 회사의 자랑거리 중 하나고요. 여기에는 빵으로 '모든 이가 다 좋게 여기는 일을 한다'는 성심당의 기업 이념이 자리하고 있어요. 기업의 사회적 책임에 충실한 것입니다.

기업의 사회적 책임은 영어로 'Corporate Social Responsibility'입니다. 줄여서 'CSR'이라고 해요. 이윤을 얻는다는 목적과 별도로, 기업이 법과 윤리를 지키면서 소비자와 노동자 그리고 지역 사회와 함께 잘 살아가는 것을 추구해야 한다는 뜻입니다. 회사의 규모가 클수록 사회에 끼치는 영향이 크기 때문에 그만큼 책임을 갖고 경영해야 한다는 거죠. 기업이 사회적 책임을 회피하며 오로지 이윤을 늘리는 돈벌이에만 집착하면 어떻게 될까요? 소비자와 투자자를 속여 피해를 입히거나 노동자의 작업 환경을 위험하게 만드는 상황이 벌어집니다. 환경을 파괴하고 양극화를 부추기는 결과를 낳기도 해요. 실제로 많은 기업이 이런 일을 저지르고 그저 소비자의 주머니를 털어 가는 데만 급급해 비판을 받죠.

2024년 성심당은 매출액 약 1938억 원, 영업 이익 약 478억 원을 기록하며 사상 최대의 실적을 올렸습니다. 광고에 막대한 돈을 쓰는 유명 프랜차이즈 빵집들과 달리 인스타그램이나 유튜브로 입소문이 나서 전국의 손님을 끌어모은 겁니다. 최근 소비자들 사이에선 생산자가 친환경, 공정 무역, 기업의 사회적 책임 등을 제대로 지키는지 살펴 자신의 가치관에 맞는 재화와 서비스를 선택하는 '가치 소비'가 유행하고 있는데요. 성심당의 성공은 빵의 맛과 가성비에 더해 사회적 책임에도 정성을 들이며 사람들의 마음까지 사로잡은 결과라고 볼 수 있습니다.

새우로 읽는 세계 관세 이야기

초밥, 튀김, 파스타, 리소토, 볶음밥, 류산슬, 똠얌꿍, 팟타이…. 나라도 맛도 조리법도 제각각인 이 음식들에는 공통점이 있어요. 새우로 요리할 수 있는 먹거리란 점입니다. 새우초밥과 새우튀김은 일식집에서 늘 만날 수 있고요. 이탈리안 레스토랑의 대표 메뉴로 꼽히는 해산물 파스타와 해산물 리소토에서 어김없이 보이는 식재료가 새우입니다. 중국집에선 새우볶음밥과 새우를 넣은 류산슬을 맛볼 수 있죠. 태국 음식점의 똠얌꿍과 팟타이는 새우가 주인공인 요리입니다. 아, 그리고 또 한 가지 공통점이 있어요. 전부 저를 군침 돌게 만드는 음식들이란 점! 새우를 워낙 좋아하거든요.

새우가 들어간 음식은 우리 주변에서 쉽게 접할 수 있습니다. 동네 김밥집에도 새우튀김김밥이 있을 정도니까요. 그만큼 새우가 흔한 식재료이기 때문이죠. 그런데 한국인의 밥상에 새우가 자주 오르게 된 건 그리 오래되지 않았습니다. 2005년 한국과 아세안ASEAN(Association of Southeast Asian Nations, 동남아시아국가연합)이 '자유무역협정'을 맺은 이후 베트남산 새우가 아주 저렴한 가격으로 수입된 게 계기였어요.

자유무역협정은 영어로 'Free Trade Agreement'입니다. 줄여서 'FTA'라고 하죠. 나라와 나라, 지역과 지역 사이에 서로 더 자유롭게 무역을 하자는 약속입니다. FTA를 맺으면 그 나라나 지역에서 수입한 재화와 서비스에 부과하는 관세를 낮추거나 아예 없애요.

관세란 상품을 수출하거나 수입할 때, 혹은 상품이 다른 나라의 영토·영해 등을 통과할 때 물리는 세금입니다. 한국은 외국산 상품을 수입할 때에만 관세를 부과합니다. 한자로는 빗장을 뜻하는 '關(관)'과 세금을 뜻하는 '稅(세)'를 합친 단어예요. 사극에서 전투 장면을 보면 적군이 성안으로 침입하지 못하도록 성문을 단단히 걸어 잠글 때 쓰는 커다랗고 길쭉한 막대기가 등장하는데,

이게 빗장입니다. 그러니까 관세는 안에서 문을 꽁꽁 잠그는 빗장 같은 세금이란 뜻이죠.

A와 B라는 나라가 있습니다. A나라의 앞바다에선 새우가 아주 많이 잡혀요. 국민들이 다 먹고도 남아돌아서 버려야 할 정도로 넘칩니다. 그래서 A나라 상인들은 새우를 배에 실어 이웃 나라 B로 가져가 팔려고 합니다. B나라의 앞바다에도 새우가 살긴 하지만, A나라 앞바다처럼 그렇게 많지는 않거든요. 그런데 B나라에도 새우잡이로 먹고사는 어부들은 있어요. A나라 상인들이 가져온 새우가 B나라의 시장에서 팔리기 시작하면, 새우의 공급량이 갑자기 늘어 가격이 내려갈 겁니다. B나라 어부들은 새우를 원래보다 더 싼값으로 팔아야 하니까 손해를 보겠죠.

B나라 정부는 자기 나라 어부들이 이런 피해를 입지 않도록 A나라 상인들이 가져와서 파는 새우에 세금을 물립니다. B나라 시장에서 팔리는 A나라의 새우는 이 세금만큼 가격이 오르죠. 가격이 오르면 수요가 줄어 A나라에서 건너온 새우가 덜 팔리게 됩니다. 이처럼 관세는 자기 나라의 시장에서 외국산 상품의 가격이 비싸지게 만들어 자국에서 생산한 상품의 수요가 커지거나 유지되도록 보호하는 역할을 해요. 수입품에 맞서 자기 나라 시

장의 문을 꽁꽁 걸어 잠그는 '빗장 세금'인 겁니다.

FTA를 체결한 나라 및 지역은 이 빗장 세금, 즉 관세를 없애거나 낮춘 가격으로 상품을 서로 수출하고 수입합니다. 수요와 공급의 법칙에 따라 재화나 서비스의 가격이 낮아질수록 수요는 늘죠. 따라서 한국산 상품이 상대 국가 및 지역에서 더 잘 팔리는 환경이 만들어집니다. 마찬가지로 상대 국가나 지역의 상품은 한국 시장에서 관세가 없거나 낮아진 가격으로 팔리며 가격 경쟁력을 갖게 되고요. 반도체, 자동차, 석유 화학 제품 등을 생산하는 기술에서 동남아시아보다 앞서 있는 한국은 공산품을 외국 시장에 더 많이 수출하기 위해 한·아세안 FTA를 맺었습니다. FTA는 어느 한쪽에 유리해선 안 되고 서로 도움이 되어야 하니까 주로 먹거리 시장을 상대 국가나 지역에 개방했죠. 인건비가 저렴한 동남아시아는 농·축·수산물을 한국보다 훨씬 싼값에 생산했거든요.

그렇게 한국은 아세안 시장에 공산품을, 아세안 국가들은 한국 시장에 먹거리를 더 많이 팔 수 있게 됩니다. 이 중 베트남은 세계 3위의 새우 수출 국가예요. 새우 양식이 발달했고 어획량도 워낙 많아서 값싼 새우가 넘쳐 납니다. 한국은 세계 6위의 새우

수입 국가고요. 한국에서도 새우가 생산되긴 하지만 그 양이 적고 가격도 비싸죠. FTA로 한국이 베트남산 새우를 수입할 때 관세를 부과하지 않거나 낮은 관세를 매기자, 가격이 더욱 낮아진 베트남산 새우가 한국 시장에 쏟아져 들어왔고 새우의 수요는 크게 늘었어요. 우리나라에서 한식, 중식, 일식, 양식 등 종류를 가릴 것 없이 새우가 들어간 요리들이 흔해진 이유입니다.

나라나 지역 사이에 자유로운 무역이 이뤄지도록 하는 정책을 자유무역 정책이라고 합니다. 서로 빗장을 치우고 시장을 개방하는 거죠. 반대로 정부가 수입품의 관세를 높이거나 각종 정책과 기준을 까다롭게 만들어 자국 상품을 보호하는 정책을 보호무역 정책이라고 해요. 빗장을 채워 시장의 문을 굳게 걸어 잠그는 겁니다.

우루과이 라운드로 1995년 세계무역기구(WTO)가 출범한 뒤 많은 나라들이 자유무역을 확대하는 정책을 펼쳐 왔어요. 나라와 지역마다 기후, 인건비 등의 조건이 달라서 더 경제적으로 생산할 수 있는 상품이 있는데요. 각자의 장점을 살려 자유무역을 하면 소비자들이 다양한 상품을 저렴한 가격으로 구입하게 되어 풍족한 생활을 누릴 수 있기 때문입니다. 그래서 한국을 비롯한 여

트럼프의 관세 정책을 보도하는 영국 신문 기사

러 나라가 적극적으로 FTA를 체결했어요.

하지만 최근 이러한 흐름에 변화가 생겼습니다. 2025년 미국의 새 대통령으로 취임한 도널드 트럼프가 'WTO 체제는 끝났다'며 미국에 수입되는 상품에 높은 관세를 매기겠다고 나섰기 때문입니다. 한국과 미국은 이미 FTA를 맺은 나라인데도, 트럼프는 미국이 군사력과 경제력에서 앞선 강대국이란 점을 이용해 일방적으로 이 약속을 깨며 한국산 수입품에 높은 관세를 부과했어요. 일본, 중국, 베트남, 태국, 캐나다, 멕시코, 유럽연합 등에도 엄청난 관세를 요구했습니다. 이에 세계 경제의 질서와 국제 거래는 물론, 국가 간의 신뢰가 크게 흔들렸죠.

남원상, 《지배자의 입맛을 정복하다》, 따비, 2020
남원상, 《우리가 사랑하는 쓰고도 단 술, 소주》, 서해문집, 2021
남원상, 《김밥》, 서해문집, 2022
설규주 외, 《중학교 사회 2》, 동아출판, 2025
유종열 외, 《고등학교 경제》, 비상교육, 2019

1. 떡볶이

이계임 외, 〈2023 식품소비행태조사 기초분석보고서〉, 한국농촌경제연구원, 2023
〈40년 전통 시장에서 맛보는 추억의 떡볶이! 의정부 제일시장〉, 경기도 블로그
송지영, 〈서울시 미래유산으로 지정된 통인시장의 기름 떡볶이〉, 지역N문화
"떡볶이, 코리아 먹거리 브랜드로 뜬다", 〈뉴스포스트〉, 2009. 4. 9.
"떡볶이의 변신은 무죄: 무한 잠재력 품은 떡볶이 프랜차이즈", 〈월간식당〉,
    2021. 8. 2.

2. 짬짜면

"자장면·짬뽕 한그릇 '짬짜면'", 〈한국일보〉, 2000. 10. 18.
"중국집 메뉴판에서 'ㅉㅉㅁ'이 사라졌다?", 〈경향신문〉, 2024. 8. 19.
"[반 반 스타일] 식품 마케팅 새 바람", 〈매일신문〉, 2012. 11. 8.

3. 카레

〈高崎「絶メシリスト」掲載の「カレーハウス印度屋」 コメ高騰で閉店へ…大病の先代を若手が継承したが〉

〈年間40万食販売の名物駅弁, 米価急騰で麦飯に変更…新たな食感にファンは「食べ比べてみたい」〉

〈コメ高騰で「夕食パスタ16.5%増」日本の家庭が選ぶ "救世主メニュー" の正体〉

"'반값이잖아' 쌀 사 가는 일본인들…한국 쌀 수출도", 〈KBS 뉴스〉, 2025. 4. 21.

〈令和の米騒動が起きた背景と農業の現状~米の価格高騰はなぜ起きた?〉

〈減反政策とは 国がコメの生産抑制〉

4. 삼겹살

"지난해 국민 1인당 돼지고기 소비량 30kg…인기 1위 '삼겹살'", 〈시사저널〉, 2025. 3. 3.

"[김명환의 시간여행] [98] '고기 덜 먹자'며 수요일을 '無肉日'로 제정…경찰, '암소갈비' 등 식당 간판도 철거", 〈조선일보〉, 2017. 12. 6.

〈사료로 본 한국사: 농민들의 농산물 수입 중단 요구〉, 우리역사넷

"'삼겹살 가장 선호' 양돈협 설문조사", 〈매일경제〉, 1993. 5. 19.

"'삼겹살 먹을 바엔 차라리'…비싸진 돼지고기 대신 '이것' 찾는다", 〈서울경제〉, 2025. 5. 11.

5. 냉면

〈1962년 긴급통화조치부터 1969년까지〉, 한국은행

"커피값 80원, 냉면 400원, 갈비탕 500원 70년대 물가는?", 〈서울신문〉, 2023. 7. 27.

〈농식품부 "서울 유명 평양냉면 전문점 냉면가격 1만 6000원 이하"〉, 대한민국 정책브리핑

"서울 대장 아파트의 흑역사…한때는 '미분양 땡처리' 신세였다", 〈시사저널e〉, 2024. 3. 8.

6. 치킨

한식진흥원, 〈2024년 해외 한식 소비자 조사〉, 한식진흥원, 2025

"지난 12월 실업률 7.9%…98년 1년간 2.5배 증가", 〈매일경제〉, 1999. 1. 22.

"치킨프랜차이즈 가맹점 71% 육박…'포화상태 속 수익성 악화'", 〈연합뉴스〉, 2024. 8. 26.

홍주연 편, 〈한국인의 일상을 체험하는 외국인 관광 트렌드, '데일리케이션' 현황분석〉, 한국관광공사, 2025

"실직자 절반 '빈털터리'", 〈한겨레〉, 1998. 2. 13.

이주헌, 〈신빈곤현상을 타개할 수 있는 창업정책(Entrepreneurial Policy)에 관한 연구〉, 《지역발전연구》 제22권 제1호, 연세대학교(미래캠퍼스) 빈곤문제국제개발연구원, 2013

서재만, 〈자영업자 현황 및 정책 방향〉, 《경제현안분석》 제65호, 국회예산정책처, 2011

〈IMF 2년 무엇이 달라졌나? -국민의 정부 주요정책성과-〉, 국정홍보처

7. 빵

넘베오 홈페이지: www.numbeo.com

"우리나라 밀 자급률 1%대…밀 자급률 4배 올린 日 사례 참고해야", 〈농민신문〉, 2025. 3. 11.

김지연 외, 〈13장 국제곡물 수급 동향과 전망〉, 《농업전망 2024 (2권): 불확실성시대의 농업·농촌, 도전과 미래》, 한국농촌경제연구원, 2024

"'스위스 다음 韓'…먹거리 물가 OECD 2위", 〈매일경제〉, 2025. 6. 16.

#

성심당 홈페이지: https://www.sungsimdang.co.kr

〈GLOBEFISH | Quarterly Shrimp analysis - May 2025〉, FAO